KB068339

고독한 심리 방에
입장하셨습니다

고독한 심리 방에 입장하셨습니다

내면의
중심을 잡아주는
|
스무 가지
심리 수업

글 · 그림 김앵두

RHK
알에이치코리아

"당신은 살면서 어떤 심리적인 어려움을 경험해 보았나요?"

아니면 지금 겪고 있는 심리적인 어려움이 있나요? 아마 태어나서 마음의 어려움을 한 번도 느끼지 않은 사람은 없을 거예요. 누구나 성장 과정 혹은 일상에서 종종 심리적인 어려움을 마주했을 테지요. 개중에는 쉽게 받아들이고 다른 사람에게 공유할 수 있는 어려움이 있는가 하면, 스스로 인정하기조차 쉽지 않고 드러나지 않게 감추고 싶은 어려움도 있을 거예요. 또 너무나 깊고도 짙어서 좀처럼 벗어나기 힘든 어려움도 있지요. 저 역시 많은 고난과 여러 심리적인 어려움을 경험했답니다. 그럴 때마다 '내가 좀 더 완벽했더라면, 어릴 적에 상처를 덜 받았더라면, 상황이 나에게 좀 더 좋았더라면…' 하는 생각을 수도 없이 되풀이했던 것 같아요. 당시의 저는 힘들다는 것을 느끼고는 있었는데 제 마음을 들여다보는 시간이 필요하다는 것은 깨닫지 못했어요. 그저 남들보다 부족하게 느껴지는 모습에 자책하고, 남 탓을 하고, 그런 자신을 보며 또다시 자책하는 것이 할 수 있는 전부라고 생각했지요. 내 마음이 지금 어떤지, 어떤 보살핌이 필요한지 들여다볼 생각은 하지 못했어요. 결국 이런 심리적인 어려움은 계속해서 또 다른 고난을 만들어 냈습니다. 해로운 관계를 끊지 못하고 이어가기도 하고, 반대로 상처받기 싫어서 스스로를 고립시키기도 하고, 세상과 타인의 기대에 맞추느라 진정으로 하고 싶은 것을 억압하기도 했죠. 그러던 도중 상담심리학을 공부하게 되면서 점차 알게 됐어요. 내 마음을 들여다보는 시간이 나를 일으키는 치유제가 된다는 것을요.

물론 상황, 환경, 만나게 되는 사람들도 심리적인 어려움의 주된 원인이 되곤 합니다. 이런 사실을 부정하려는 것은 아니에요. 하지만 그 과정에서 상처 입은 내 마음을 들여다보지 않고 제대로 보살피지 않으면 그 상처가 번져서 여러 심리적인 어려움으로 이어지기도 해요. **몸의 상처 역시 원치 않더라도 예상과 다르게 생겨나곤 하잖아요?** 길을 걷다가 돌부리에 걸려 넘어져서 피가 났다거나 발목을 심하게 삐어 인대가 늘어났다고 상상해 보세요. 살이 까져서 피가 나면 연고를 바르고, 발목이 접질려 아프면 병원에 가서 엑스레이를 찍고 그에 따른 적절한 치료를 받겠지요. 그러지 않는다면 더 큰 아픔으로 이어질 수 있다는 것을 알고 있으니까요. **마음도 마찬가지예요.** 마음이 상처를 입었을 때도 우선해서 나의 마음을 들여다볼 필요가 있지요. 내가 더 아프지 않도록 스스로 정성껏 보살피는 것입니다. 어떤 어려움은 그저 내 잘못이 아니었음을 마음 깊이 깨닫는 것만으로 그 오랜 굴레에서 점차 벗어날 수 있어요. 물론 처음에는 내 마음을 들여다보기가 낯설고 불편하고 창피할 수도 있을 거예요. 하지만 내 마음을 들여다보는 것은 지친 삶에서 나를 일으키는 치유제임을 기억했으면 좋겠습니다.

이 책은 소중한 당신을 보살펴 삶을 용기 있게 나아갈 수 있도록 돕고, 다양한 관계에 현명하고 유연하게 적응해 갈 수 있도록 격려하기 위해 쓰였습니다. 남들에게 쉽게 털어놓지 못하는 심리적인 어려움을 여러 상담심리학 이론을 통해서 쉽고 편안하게, 여러 방면에서 객관적으로 통찰할 수 있을 거예요. 소개된 다양한 이론 간에 입장의 차이가 존재할 수 있지만 **마음의 결정은 스스로 만들어 가길** 소망합니다.

  이 책은 혼자만의 **고독한 시간**에 읽기를 권해요. 책의 제목처럼 '고독'을 강조하는 이유는 **그 누구도 나를 대신해서 살아줄 수 없고, 인간은 근본적으로 고독한 존재**이기 때문이에요. 아무리 가까운 사람이라고 해도 나를 완전하게 이해할 수 없고, 나와 타인 간에는 보이지 않는 거리가 있기 마련이니까요. 누구에게나 홀로 존재할 수 있는 고독한 시간이 필요합니다. 이런 고독감이 마냥 불안하게만 느껴질 수도 있을 것 같아요. 고독감을 잘못 받아들인다면 심리적인 어려움이 나타나기도 합니다. 깊은 우울과 무가치감을 느끼거나, 고독을 잊기 위해 중독에 빠지거나, 누군가에게 의존하려 하는 등 여러 어려움을 겪을 수 있지요. 하지만 이러한 고독이 나만이 느끼는 것이 아님을 깨닫고, **고독한 시간을 오롯이 자신을 위해 보낸다면 나를 더욱 강하고 나답게 만들어주는 선물이 되어줄 수도 있어요.** 제가 경험하고 느낀 것처럼, 당신에게도 인생을 튼튼하게 지탱해 줄 수 있는 따뜻하고 견고한 고독함을 선물하고 싶습니다. **삶의 무게를 잠시 내려놓고 스스로 진실해지는 자신만의 '고독한 시간'을 경험했**

으면 해요. 그러다 보면 어느새 고독과 친해지며 마음이 한층 가벼워진 자신을 발견할 수 있을 거예요.

책 속의 글과 그림은 당신이 앞으로 나아갈 수 있도록 응원해 주는 동반자가 되어 줄 것입니다. 나라는 주인공은 '고독한 심리 방' 안에서 무엇이든 털어놓을 수 있고, 무엇이든 생각할 수 있으며, 무엇이든 해낼 수 있답니다.

이 책의 주인공이자 이번 삶의 주인공이신 당신,
고독한 심리 방에 입장하신 것을 환영합니다!

PART 1. 나를 돌아보는 방

PART 2 . 관계를 돌아보는 방

PART 3 . 삶으로 나아가는 방

PART
1

나를
돌아보는 방

내 자존감을
방해하는 것은 무엇일까?

자존감

그럴 때가 있죠.
다른 사람들에 의해
내 자존감이 크게 좌우되는 것을 느낄 때요.

다른 사람들에게 잘 보이고 싶은 마음에 애를 쓰지만
뜻대로 되지 않으면 좌절하고 기분도 썩 좋지 않죠.

힝····

왜 몰라주는 걸까? 속상해.

남들의 기대에 부응하려고 애쓰는 나를 보면
살짝 실망스러우면서도
타인을 의식하기를 멈추지 못하고,

점점 스스로가 밉게만 느껴져서
나를 있는 그대로 존중할 수 없게 되지요.

이런 생각이 나에게
좋지 않다는 걸 알면서도
계속해서 타인에게
나의 가치를 확인받고 인정받고 싶어 합니다.

문득 이런 생각이 듭니다.
'왜 이렇게까지 인정받으려 할까?'
'왜 내 자존감은 타인에 의해 좌우되는 걸까?'

사실은요, 우리의 자존감은
생각보다 많은 것의 영향을 받는답니다.

본래 모든 사람에게는
평가받지 않고 있는 그대로의 자신을
순수하게 존중받고 싶은 욕구가 있는데요,

그것을 방해하는 가장 큰 요인이
'가치의 조건'입니다.

우리를 있는 그대로
가치 있게 여기고 존중해 주는 것이 아니라,
조건을 달아서 그에 맞는 행동을 했을 때에만
존중해 주는 것이지요.

예를 들어, 우리의 중요 타인인 부모, 친구,
애인이 지닌 기대에 맞게 행동했을 때에만
가치를 인정받는 거예요.

사회에도 수많은 가치의 조건이 존재하지요.
가치의 조건은 개개인이 지닌 기준으로 가지각색입니다.

그렇기 때문에 가치의 조건이
나에게 많이 녹아들어 있을수록
내가 원하는 것보다는 남들이 원하는 것을 선택하고,
그것을 내가 이뤄내야 하는 것으로 받아들이게 됩니다.

결국에는 현재 나의 모습과
이상적인 내 모습 간의 간극이 커지면서
자존감에 좋지 않은 영향을 미치게 되지요.

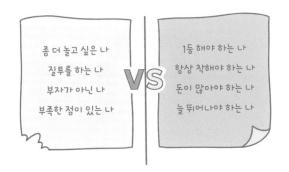

좀 더 놀고 싶은 나
질투를 하는 나
부자가 아닌 나
부족한 점이 있는 나

VS

1등 해야 하는 나
항상 착해야 하는 나
돈이 많아야 하는 나
늘 뛰어나야 하는 나

그러나 세상에 다양한 가치의 조건이 존재하듯,
인간은 누구나 현실을 다양하게 받아들이고
생각과 가치관 또한 다르다는 것을 알아야 합니다.

때문에 내가 누군가에게
존중과 인정을 받지 못했다고 해서
그것이 나를 존중하지 못하는 이유가 될 수는 없습니다.

만일 내가 나를 존중하지 못하는 이유가 있다면,
그것이 사회와 타인으로부터 강요받은
가치의 조건으로 인한 것은 아닌지 생각해 봅시다.

그다음으로 해야 할 일은
스스로를 있는 그대로 존중하는 연습이에요.

타인의 평가로부터 벗어나
있는 그대로의 나를 존중하고,
내가 진정으로 실현하고자 하는 모습은
과연 무엇인지 들여다보는 거예요.

그렇게 타인의 영향을 받은 부분을
나만의 고유함으로 채워나가 봅시다!

"당신은 언제 작아지는 기분을 느끼나요?" 이렇게 물으면, '좋은 회사에 취업하지 못 할 때', '살이 쪘을 때', '시험에서 떨어졌을 때', '사람들의 인정을 받지 못할 때' 같이 다양한 답이 나옵니다. 정해진 답변은 없어요. 다만 답변을 통해 각자 중요하게 여기는 '**가치**'가 무엇인지를 알 수 있습니다. 누군가에게는 외모일 수도 있고, 누군가에게는 직업, 성공, 선한 마음일 수 있겠습니다. 사람들은 자신에게 매기는 가치 조건을 충족하기 위해 스스로를 채찍질하기도 하고, 가치를 충족하지 못했을 때 자존감이 휘청이기도 합니다. 우리가 이토록 중요하게 여기는 가치는 과연 언제부터 어떻게 지니게 됐을까요? 아마 어린 시절의 경험과 밀접하게 연관되어 있을 것입니다. 자존감 역시 마찬가지로 어린 시절에서 출발합니다.

자존감은 **자기존중감의 줄임말**로, 자기 자신을 긍정적으로 평가하며 사랑하고 존중하는 마음입니다. 스스로를 존중하며 타인으로부터 수용되고 존중받은 경험의 영향으로 형성되지요. 자존감이라는 키워드가 유행하면서 자존감은 자신이 챙기는 것이지 타인이 챙겨주는 것이 아니라는 뉘앙스의 말들을 심심치 않게 접하게 됩니다만, 자존감은 생각보다 타인의 영향을 많이 받습니다. 특히 누군가의 보살핌을 받아야 하는 어린 시절에는 부모와 선생님 같은 주요 타인에게 받는 존중과 보살핌의 내용이 자기 개념 형성에 크게 작용합니다.

자기 개념은 자신을 '어떠한 사람'으로 인식하는 것을 의미합니다. 인간은 어릴 때부터 다양한 경험을 통해서 자기에 대한 인식을 계속해서 확립해 갑니다. 자기 개념은 현실의 자신에 관한 인식뿐 아니라 **이상적인 자기**ideal self도 포함합니다. 이상적인 자기란 말 그대로 자신이 추구하는 이상적인 모습인데, 여기에는 타인에게 인정과 존중을 받고 싶어 하는 모습 또한 반영되곤 합니다. 만약 어릴 때 가까운 타인으로부터 강하게 통제받으며 수용되지 못한다는 느낌을 받았다면 현실 속 자기의 모습은 부정적으로 생각하면서 이상적인 자기에 관한 기준만 높아지게 될 수 있습니다. 예를 들어 항상 우수한 모습이기를 바라는 부모님 아래에서 자란 사람은 어딘가 부족하게 느껴지는 현재 자기의 모습을 존중하기 힘들겠지요. 스스로를 탓하거나 혹은 이상적인 자기인 양 자신을 과도하게 포장하게 될 수 있습니다. 이처럼 자존감 형성에 미치는 타인의 영향이 생각보다 크기 때문에 자존감을 높이기 위한 노력을 하기에 앞서 무엇이 나의 자존감에 영향을 주었는지 생각해 볼 필요가 있습니다.

인간 중심 치료의 창시자 칼 로저스^{Carl Rogers}에 따르면 **누구나 본인만의 '주관적인 경험 세계'를 가지고 있습니다.** 비슷하거나 같은 환경 속에서도 사람들이 각자 다양하게 반응하는 것을 느껴봤을 겁니다. 이는 개인의 내면에 존재하는 주관적인 세계가 각기 다르기 때문입니다. 주관적인 경험 세계는 외부의 환경을 나름의 방식으로 받아들이고 행동하게 하는 자신만의 고유한 심리적 공간입니다. 자신이 지닌 주관적인 세계를 어린 시절부터 가까운 타인에게 이해받으면 자신의 감정, 욕구, 생각 등을 스스로 존중할 수 있게 됩니다. 하지만 세상은 우리를 있는 그대로 받아들이기보다 사회 혹은 누군가의 기대와 가치에 부응하며 살아가기를 원할 때가 많지요. 이것을 **'가치의 조건'**이라 부릅니다. 우리 자체를 순수하게 받아들이기보다는 평가하는 이들이 지닌 가치에 적합한 행동을 했을 때만 존중해 주는 것입니다.

이때 오해하지 말아야 할 점은 사회에서 마땅히 지켜야 할 법이나 윤리 의식은 자존감에 해를 끼치는 가치의 조건이 아닙니다. '물건을 훔쳐서는 안 돼.', '남을 때려선 안 돼.'와 같은 기본적인 교육은 여기서 말하는 가치의 조건이 아니라는 것입니다. 여기서 말하는 **가치의 조건이란 개인이 가치 있게 여기는 것을 타인에게 역시 기대하고 평가 내리는 것입니다.** 첫 문단에서 언급한 우리가 지닌 가치 역시 가치의 조건과 연관이 깊을지도 모릅니다. 예를 들어 '항상 착해야 한다.'라는 가치의 조건을 경험한 아이는 질투가 나는 상황에서도 가치에 따르기 위해 '질투하는 건 나쁜 거야.'라고 감정을 억누

르려 할 수 있습니다. 인간으로서 자연스럽게 느낄 수 있는 감정인데도 말이지요. 혹은 자신이 그런 감정을 느낀다는 사실 자체를 받아들이기 힘들어서 반대로 남이 나를 질투한다고 생각하고 상대에게 책임을 돌리려 할 수도 있습니다. 가치의 조건은 우리도 모르는 사이 삶에 녹아들었을 겁니다. '좋은 직업을 가져야 한다.', '이 나이에는 ~ 해야 한다.'도 대표적인 가치의 조건이지요. 이렇게 자신에게 중요하게 느껴지는 가치라고 해도 온전한 내 것이 아닐 수도 있습니다.

　그렇다면 왜 다른 사람이 지닌 가치의 조건을 따르게 되는 것일까요? 바로 자신이 소중하다는 느낌을 받고자 하는 '긍정적 존중의 욕구'가 있기 때문입니다. 누구나 '나 사랑받고 있구나.'라는 느낌이 들면 안정감을 느끼고 계속해서 애정 받고 싶은 마음이 듭니다. 그래서 **중요 타인들에게 긍정적 존중을 받고자 어린 시절부터 가치의 조건을 따르게 되지요.** 물론 타인의 가치의 조건과 자신의 욕구가 일치한다면 크게 문제가 되지 않습니다. 오히려 그런 가치가 자신에게 더 긍정적으로 자리 잡을 수 있습니다. 하지만 일치하지 않으면 개인은 심리적인 갈등을 겪게 됩니다. 자신의 본래 욕구를 실현할지, 아니면 타인의 존중을 받기 위해 가치의 조건을 따를지 말이지요. 결국 가치의 조건을 따르기 위해 그 조건이 원래 자신이 실현해야 할 가치였던 것처럼 받아들이기도 합니다. 그렇게 받아들인 가치의 조건에 적합하지 않은 행동이나 생각을 하게 되면 거부감과 불편감을 느끼게 됩니다. 특히 어린 나이에 그런 경험을 할수록 있는 그대로의 자신이 받아들여지지 못했다는 생각으로 혼란함을 느끼며 자존감에 좋지 못한 영향을 받습니다. 최고가 되지 않으면 자신이 보잘것없이 느껴지거나, 사람들에게 인정받지 못하면 스스로가 볼품없이 느껴질 수 있듯이요. 나는 어떤 가치의 조건을 받았는지 생각해 봅시다.

하지만 가치의 조건의 영향을 받고 있음을 알아차려도 벗어나기는 쉽지 않을 수 있습니다. 여태껏 삶에 깊이 녹아들어 함께 해왔으니 말이죠. 가치의 조건으로부터 나를 온전히 보호하려면 무엇이 필요할까요? 바로 **무조건적인 긍정적 존중**을 경험하는 것입니다. 무조건적인 긍정적 존중은 **한 사람을 있는 그대로 존중하는 태도**입니다. 자신 혹은 상대의 생각이나 감정, 행동을 평가하거나 판단하지 않고 조건 없이 수용하는 것이지요. 못나 보이는 모습과 불편하고 부정적인 감정까지도요. 물론 이런 무조건적인 긍정적 존중을 어린 시절부터 경험했다면 좋았겠지만, 어른이 된 지금도 늦지 않았습니다. 내가 나의 모습을 있는 그대로 받아들여 주는 것입니다.

예전에 수강했던 전공 수업에서 인상 깊게 들은 내용이 있습니다. 교수님께서 '인간은 왜 존엄한가?'라는 주제로 강연하시며 '존엄함'의 정의를 물었습니다. 많은 학생이 존엄이란 우수하고, 똑똑하고, 유능한 것이라고 답했고 제 생각도 크게 다르지 않았습니다. 그때 교수님께서 만약 내담자가 공부를 못하고 부족한 사람이면 존중하지 못하느냐고 다시 질문하셨습니다. 이 질문에 마음 한구석이 작은 스파크가 일어난 것처럼 따끔했습니다. 무의식적으로 우수한 사람만이 존엄하고 존중받을 만하다고 생각하고 있었던 것입니다. 그 자체로 존엄할 수 있다는 생각은 해보지도 못하고 말입니다. 사회가 정한 기준에 맞추어 생각하고 있음을 깨달은 경험은 부끄러우면서도 새로웠습니다. 그리고 무조건적인 긍정적 존중에 한발 다가갈 수 있게 해주었습니다.

무조건적인 긍정적 존중은 '나는 이래서 좋아.'가 아닌 '나는 이런 사람이야.'라고 표현할 수 있습니다. '나는 이래서 좋아.'라는 생각 역시도 그 모습이 사라졌을 때의 나를 존중할 수 없다면 누군가의 가치의 조건이 반영된 모습일 수 있지요. 이렇게 외부의 가치의 조건의 영향을 받아 형성된 존중은 휘청이기 쉽습니다. 굳건한 자존감을 세우기 위해서는 무조건적인 긍정적 존중을 해야 합니다. '나'라는 사람의 존재를 받아들이고 존중하는 것이지요.

'자존감 때문에', '자존감이 낮아서', '자존감 높은 사람은 역시 달라!' 등 온갖 문제에 자존감을 연결시키는 요즘, 대한민국은 자존감 열풍입니다. 이는 자존감조차도 타인의 평가를 받고, 증명해야 할 대상이라는 생각을 심어 주는 동시에 자신의 자존감을 남들과 비교하게 만듭니다. 이때 남들보다 자존감이 낮다고 느껴지면 괜히 울적해지기도 하고, 외부의 다양한 이유로 나를 존중하기가 어렵게 느껴지기도 합니다. 하지만 그럴 때일수록 자신에게 무조건적인 긍정적 존중을 베풀어 봅시다. 나를 무조건적으로 온전히 존중할 수 있는 사람은 '나' 뿐입니다. 가족, 친구, 애인을 비롯한 가까운 지인이라도 나를 완전히 이해할 수는 없습니다. 아무리 가까운 사이라도 조건적인 긍정적 존중과 평가가 일어나기 쉽지요. **나 자신은 그런 평가에서 자유롭게 벗어나 '나'를 있는 그대로 바라볼 수 있습니다.** 타인과 자신의 평가에 얽매여, '나'조차도 스스로를 조건적으로 존중하게 된다면 정말 슬프지 않을까요? 더군다나 당신은 세상에 단 하나뿐이며, 이런 당신을 누구도 대신할 수 없습니다. 당신이 세상에 존재한다는 것 자체로 아름답고 놀랍지요. 세상이 정하는 기준으로 평가될 수 없는 존재입니다.

내가 나에게서 온전히 수용되는 경험은 무엇과도 바꿀 수 없는 귀중한 자산이 됩니다. 나를 조건 없이 존중할 수 있어야 다른 사람들도 존중할 수 있고 역으로 타인에게 존중받을 수도 있습니다. 이쯤에서 한번 함께 말해봅시다. **"나는 이런 사람입니다."**

온전한 나를
찾아가기 위한 질문들

1. 내가 가진 가치의 조건을 살펴봅시다.

   나는 주로 어떨 때 가까운 사람에게 인정받나요?

   ....

   ....

   나는 어떨 때 인정받지 못하나요?

   ....

   ....

다른 사람이 나에게 원하는 것과 내가 이루고 싶은 것을 비교하면 어떤
가요?

....

2. 나는 어떤 사람인가요? 장점과 단점, 강점과 약점이라고 생각되는 부
분까지 있는 그대로 모두 적어봅시다.

....

....

....

....

3. 위에 적은 내용을 토대로, 있는 그대로의 자신에게 지킬 약속을 적어봅
시다.

예) 나는 ~하고, ~하고, ~한 나를 존중할 것이며, 때로는 부족해 보일지라도 그조차
'나'임을 받아들일 것입니다.

....

....

....

....

02

어떤 게
진짜 내 모습일까?

페르소나

우리는 수많은 사회적 가면을 쓰며
상황과 대상에 맞게 우리를 표현합니다.

예를 들면 가정 안에서의 모습,

친구와 있을 때의 모습,

애인과 있을 때의 모습,

공적인 자리에서의 모습이 다 다르듯
우리를 외부에 맞춰가며
여러 사회적 가면을 쓰고 생활하죠.

우리가 사회에 잘 적응하도록 돕는
이 사회적 가면을 '페르소나'라고 합니다.
다양한 사회적 관계를 맺으며 살아가는
우리에게 꼭 필요한 수단이자 외적 인격인 셈이지요.

하지만 외적인 역할에만 신경 쓰다 보면
가면을 벗은 내 모습에 대해 생각해 볼 수 없게 되거나

가면이 점점 두꺼워지고 무거워지기 시작합니다.

그렇게 되면 '진짜 나는 누구지?' 하는
의문을 품게 되기도 하고,

두꺼워진 페르소나에 지나치게 몰두하느라
내면의 목소리를 무시하게 될 수도 있어요.

페르소나는 외부의 요구에 따르지만,

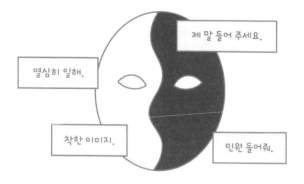

외부의 요구와 내 내면의 요구가
항상 같지는 않으니까요.

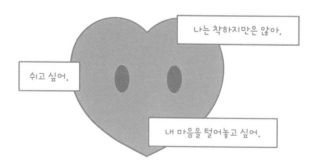

물론 페르소나는 꼭 필요한 수단이고
우리를 이루는 부분이긴 하지만,
'페르소나'를 온전한 내 모습이라고 받아들이면
스스로에게 혼란을 가져올 수도 있어요.

가면을 쓴 모습도
내 모습이긴 하지만,

그러지 않기 위해서는 융통성 있게
가면을 쓰고 벗을 줄 알아야 해요.

가면은 내 일부분이지
전부는 아니야.

사회라는 무대 위에서는
사람들 앞에서 가면을 썼다가

무대가 끝난 뒤,
가면을 벗고 쉬는 것처럼 말이에요.

    누군가가 왠지 모르게 속마음을 숨기고 가식적으로 행동하는 것처럼 느껴질 때 **'가면을 쓴다'**는 표현을 사용하지요. 하지만 사회적 상황에서의 가면을 마냥 거북하거나 부정적인 것으로만 여기기는 어렵습니다. 가면, 즉 **'페르소나'**는 여러 사회에 나를 적응시키는 수단이 되어 주기도 하기 때문입니다.

    '페르소나'는 '가면'이라는 뜻을 지닌 라틴어로 심리학자 **칼 구스타브 융**^{Carl Gustav Jung}이 제시한 개념이기도 합니다. 사람들은 보통 사회에서 자신을 그대로 드러내기보다는 상황과 대상에 맞추어 보여 줍니다. 이렇게 보이지 않는 내면과 달리 **외부로 드러나는 모습 즉, '외적 인격'**이 페르소나입니다. 페르소나는 우리가 외부 세계의 요구에 적절하게 어울려 살아갈 수 있도록 돕습니다. 사적인 모습을 사회생활 중에 노출했다고 생각해 보세요. 집에서의 내 모습과 직장에서의 내 모습이 같다면 이상하지 않을까요? 저 역시 '작가'라는 페르소나가 아니었다면 이런 글은 쓸 수 없었을 겁니다. 아주 날것의 글이 되어 버렸을 테니 말입니다. 사회생활 중에는 상황에 맞추어 행동하는 것이 불가피합니다. 직장에서뿐만 아니라 친구를 만날 때도 자신의 감정과 행동을 조절해야 하죠. 상황을 무시하고 내키는 대로 감정 표현을 하는 것은 솔직한 것이 아니라 무례한 것이 될 테니 말입니다. 그런 의미에서 **다양한 페르소나를 바꿔서 쓴다는 것은** **그만큼 수많은 상황과 사회에 유연하게 잘 적응하고 있다는 뜻이기** **도 하겠지요.**

　문제는 자신의 내면을 무시하고 외적 인격인 페르소나에 지나치게 몰두할 때 생깁니다. 이럴 경우, 자신에 대한 혼란을 겪을 수 있습니다. 저는 예전에 페르소나에 대해 알기 전 **'왜 나는 친구들을 각자** **다르게 대하는 거지?', '왜 소속된 곳마다 다른 모습을 보이게 되는** **걸까?', '어떤 게 진짜 내 모습이지?'** 하고 고민했습니다. 보다 진지하고 지적인 분위기를 요구하는 모임에서는 정서 표현을 억제하기도 했고, 친구들과 만나는 모임에서는 함께 웃고 떠드는 분위기에 어울리려 일부러 더 밝은 척하기도 했습니다. 그런 모습들이 '**페르** **소나**'임을 알지 못한 채 내 본래 모습이라고 착각했던 것이 문제였습니다. 그래서 항상 '나는 밝은 사람일까?', '진지한 사람일까?', '어두운 사람일까?'라는 혼란이 생겼습니다. 여러 사회적 환경에는 나름 잘 적응하고 있었지만, 페르소나라는 가면에 가려진 내 마음에 대해 생각해 보지 못한 것이지요. 융에 따르면 페르소나를 너무 중요하게 여겨서 외적 인격인 페르소나에 자신을 동일시하고 내적인 인격을 외면할 때 우울증이 나타날 수 있다고 합니다. 특히 페르소나에만 충실해 외부에 지나친 관심을 쏟는 사람일수록 자신 내면의 목소리를 듣지 못하고 불편한 감정들만 느끼게 됩니다. 더구나 페르소나가 가면임을 인지하지 못하고 있기 때문에 자신이 느끼는 불편감의 원인을 찾지 못하고 계속 힘들어질 수 있습니다.

비슷하게, 특정 페르소나가 너무 두꺼워져 쓰지 않아도 될 상황에서 그 페르소나를 써야만 할 것 같다고 느낄 때에도 나의 내면을 외면하게 될 수 있습니다. 특정 페르소나가 두꺼워졌다는 것은 그 역할이 자신에게 특히 중요하게 다가왔다는 의미겠지요. 가면 위에 계속해서 가면을 얹는다고 상상해 보세요. 생각만으로도 숨이 막히지 않나요? 가면이 두꺼울수록 나의 진짜 얼굴은 점점 안으로 묻힙니다. 그러다가 가면이 지나치게 무겁고 두꺼워지면 우리는 결국 '그만! 힘들어! 숨 막혀!'라고 외치게 될 것입니다. 페르소나 역시 마찬가지입니다. 페르소나가 너무 두꺼워지면 페르소나 밑에 감춰져 있는 내면의 요구를 제대로 보고 들을 수 없습니다. 그리고 페르소나가 두꺼워진 만큼 외부에 더 많은 에너지를 쏟게 됩니다. 우리의 의식에는 사용할 수 있는 에너지가 한정되어 있습니다. **즉 우리가 외부에 사용해야 할 의식 에너지와 우리의 내면을 돌볼 때 사용해야 하는 의식 에너지는 무한정 있는 것이 아닙니다.** 그런데 의식 에너지를 지나치게 외부에 쏟다 보면, 새어나간 에너지를 보충하기 위해 내면을 돌볼 때 사용해야 할 의식 에너지를 계속 끌어오게 됩니다. 결국 에너지가 충전될 새도 없이 의식 에너지는 모두 소진되고 맙니다. 하지만 페르소나는 눈에 보이지 않아서 우리가 그 원인을 인식하기 쉽지 않습니다. 이쯤에서 스스로에게 **의식적으로** 이런 질문을 해볼 필요가 있겠습니다. '**나는 내 마음에 귀 기울였던 적이 있던가?**' 하는 질문입니다.

저는 학부 때에 상담심리를 전공했고, 상담 관련 멘토링을 많이 했습니다. 그래서인지 어느 순간부터 몇몇 친구들이 저를 친구보다는 '상담자'로 대하는 일이 많아졌습니다. 당시에는 고민을 들어주는 게 당연하다고 생각했습니다. 친구들에게 '너무 고마워.', '덕분이야.'라는 말을 들으면 무언가 해낸 것 같았고, 훌륭한 상담자가 되기 위해서는 주변 사람들의 심리적 어려움에 도움을 주어야 한다고 생각했던 것입니다. 그래서 휴식을 취해야 하는 개인적인 시간까지 할애해 친구의 고민을 들어 주었고, 친구는 매일 몇 시간씩 같은 얘기를 반복하고 부정적인 감정을 쏟아내며 제게 의존하려고 했습니다. 그럴 때마다 사실은 듣고 싶지 않은데 의무감 때문에 노력하는 자신을 보면서 혼란함을 느꼈습니다. 친구를 만날 때에도 놀러 가는 느낌이 아닌 '들어 주러' 가는 느낌이 강했죠. 지쳐 있던 그때 문득 이런 생각이 스쳤습니다. '**내가 왜 이렇게까지 하고 있지?**' 그리고서는 한참 뒤에 깨달았습니다. **두꺼워진 페르소나가 나의 내면을 잠식하고 있었다는 것을 말입니다.** 사실 상담자로서 이러한 페르소나를 쓰고 내담자를 대했다면, 올바르게 페르소나를 쓴 것이고 당연히 큰 불편감을 느끼지 않았을 겁니다. 다만 상담자로서의 페르소나를 쓰지 않아도 될 사적인 상황에서도 나의 마음을 뒤로한 채 그러한 페르소나가 내 정체성이라고 여기면서 그에 맞게 행동해야 한다고 생각한 것이 큰 문제였습니다. 전공자의 모습을 드러내야 하는 특정한 상황의 나와 사적인 상황에서의 나는 다름에도 말입니다.

　우리는 다양한 페르소나를 가지는 동시에 페르소나에 잠식되지 않고, 필요에 맞게 사용하는 연습을 해야 합니다. 물론 두꺼워진 페르소나를 내려놓고 그 이면의 내 모습을 들여다보기는 생각보다 쉽지 않을 겁니다. 페르소나를 썼을 때 얻은 것들을 잃을까 봐 두려울 수도 있습니다. 저 역시도 그랬습니다. 상담자로서의 페르소나를 내려놓으면 친구들이 더 이상 찾아오지 않을까 봐 걱정이 되어 두꺼워진 페르소나를 내려놓기가 어려웠습니다. **하지만 페르소나보다 중요한 것은 나의 내면입니다. 나의 내면은 시시각각 변하는 외부 상황이나 대상과 달리 평생을 함께 살아갈 든든한 자원이자 동반자이기 때문입니다.** 그러니 당신의 페르소나가 과하게 두꺼워져 있다면, 페르소나를 썼을 때 따르게 되는 사회적인 요구와 나의 내면적인 요구 간에 어떤 차이가 있는지 생각해 볼 필요가 있습니다. 그리고 그 무게를 잠시 내려놓았을 때의 가벼움, '자유로운 나'를 느껴보길 바랍니다. 처음엔 그런 가벼움이 부끄럽기도 하고 이상하게 느껴질 수도 있습니다. 그런 느낌들마저 온전히 받아들여 보세요. 혹 여러 페르소나와 자신을 동일시해서 혼란스러움을 느끼고 있다면, '어떤 게 진짜 내 모습일까?' 하는 의문을 가지기보다는 '**나는 다양한 역할을 하는 사람이구나!**'라고 받아들이면 좋겠습니다. 페르소나를 쓴 모습 역시 '나 자신'의 일부이기 때문입니다.

　페르소나를 제시한 융 역시 인간은 여러 면을 가지고 있기 때문에 한 측면이 아니라 통합적으로 바라보는 것을 굉장히 중요하게 생각했습니다. 몇 안 되는 역할과 감정을 가지고 당신을 어떤 사람이라고 정의하기보다, 그 모두가 당신이 경험하고 있는 역할과 감정임을 받아들였으면 좋겠습니다. **우리는 다양한 것을 느끼고, 다양한 모습과 역할을 할 수 있는 한 사람입니다.**

페르소나 건강하게 쓰기

1. 나는 어떤 페르소나를 가지고 있는지 알아봅시다.

   지금 내가 속한 곳들과 만나는 사람들을 적어 보세요.

   속한 곳들

   만나는 사람들

   지금 내가 속한 곳들과 만나는 사람들에게 나는 어떤 역할을 하고 있나요?

   속한 곳들에서의 역할들

   만나는 사람들에게 하는 역할들

작성한 내용을 토대로 아래의 가면을 꾸미고 이름을 붙여 봅시다.

예) 회사원으로서의 나, 엄마로서의 나, A에게 보여지는 나

2. 페르소나와 나의 내면 구분하기

특히 무겁게 느껴지거나 벗어나기 힘든 페르소나가 있나요?

....

....

....

....

그 페르소나를 특히 무겁게 느끼고, 벗어나기 힘든 이유는 무엇인가요?

....

....

....

....

그 페르소나를 썼을 때 따르게 되는 요구는 나의 내면적인 요구와 어떤
차이가 있나요?

예) 잘 웃지만 속은 외로움, 완벽해 보이지만 걱정투성이

....

....

....

....

....

내 안에
상처받은 아이가 있다

내면아이

우리의 어린 시절에는
수많은 일들이 있었을 거예요.

좋았던 일도 많았겠지만,
상처되는 일도 그만큼 많았겠지요.

아주 나쁜 어른을 만났다든지

누군가에게 미움을 받았다든지 말이에요.

그런 일들은 어리고 여린 아이에게
굉장히 크게 다가왔을 거예요.

아주 강력하고 불편한 감정들도 느껴졌겠지요.

그땐 무거운 감정들을 스스로 돌보기에는
세상의 모든 것이 낯설기만 한
작은 아이일 뿐이었어요.

적절한 보살핌을 받지 못한 작고 여린 마음은
우리의 마음 한구석에 간직됩니다.

그리고 '상처받은 내면아이'로 남아
우리가 성인이 되어서도 함께합니다.

상처받은 내면아이와 공존하는 많은 사람이
미성숙한 행동을 보이며 다양한 어려움을 겪습니다.

불편한 감정을 회피하고자
중독에 빠지거나,

친밀한 관계를 맺는 데 겁을 내기도 하고,
반대로 지나치게 의존적이기도 하고,

선 넘지 마.

네가 내 전부야!
너도 알잖아!!

수치심을 느끼고 싶지 않아서
누군가의 위에 군림하려다가
되레 소외되기도 합니다.

이렇게 우리를 망가뜨리는 미성숙한 행동들은
그때의 그 아이가 보살핌을 받는 데
익숙하지 않다는 의미이기도 해요.

한편으로는 그 아이에게
여전히 보살핌이 필요하다는 신호이기도 합니다.

어릴 때에는 어른의 보살핌을 받는 존재였지만,
지금 우리에게는 어린아이를 보살필 수 있는 힘이 있지요.

오래 기다렸지?
늦게 와서 미안해.

조금 용기를 내어 내 안에서
울부짖는 한 아이를 마주하고
따뜻하게 안아주는 건 어떨까요?

여전히 누군가의 정성 어린 도움을
끊임없이 갈구하며 울부짖는
그때의 나를 말이죠.

어린 시절에는 새롭게 경험하는 모든 것들이 정말 흥미로웠을 거예요. 성인이 된 지금에는 익숙하고 새롭지 않은 것들도 어린 시절에는 굉장히 신기하게 다가왔을 테니 말입니다. 흔히 볼 수 있는 반려동물과 곤충, 길가에 핀 꽃들까지도 말이죠. 모든 게 낯선 어린아이에게는 세상의 모든 것들이 크게 와닿습니다. 또 장난감, 소꿉놀이, 어린이 만화 같이 지금은 유치하다고 생각되는 것들도 어린 시절에는 재밌게 느꼈었지요. 아이에게는 호기심을 채우기 위해 도전하는 용기와 사소한 것에도 깔깔 웃을 수 있는 천진무구함이 있습니다. **하지만 반대로 아이는 작은 아픔도 크게 느끼고 쉽게 상처받습니다.** 길을 가다가 넘어졌을 때 툭툭 털고 일어나는 성인과 달리, 대부분의 어린아이는 바로 울음을 터뜨리지요. 아이가 순수함과 호기심을 지니며 안전하게 세상을 살아가기 위해서는 어른들의 보살핌이 필요합니다.

어른들로부터 잘못된 행동에 대해 배우고, 실패했을 때 응원과 격려를 받고, 힘들 때 공감과 위로를 받는 것이 인생에 있어서 굉장히 중요하다고 할 수 있습니다. 하지만 우리는 성장 과정에서 항상 이해받거나 지지받지 않았을 수도 있으며, 때로는 받아들이기 힘든 '예상치 못한 일'도 겪었을 수 있습니다. '예상치 못한 일'은 주관적이어서 큰 상처는 물론이고 누군가에게는 별거 아니라고 생각될 수도 있는 일까지도 포함합니다. 문제는 그로 인해 **상처받은 마음**입니다. 여리고 연약한 마음은 금이 가기 쉽고, 한 번 금이 간 마음은 다시 같은 상처를 받았을 때 더욱 깨지고 부서지기 쉽습니다. 상처받은 마음이 잘 치유되지 않으면 우리의 마음 한구석에 남아 어른이 된 우리와 함께 공존하게 되는데, 이것을 심리학에서는 **'상처받은 내면아이'**라고 부릅니다. '상처받은 내면아이 치유'는 가족치유 상담자인 존 브래드쇼^{John Bradshaw}가 처음 고안했습니다.

내면아이 치유에서는 성인기에 나타나는 많은 문제의 원인을 상처받은 내면아이라고 보았습니다. 예를 들어, 어린 시절 폭력에 시달렸던 아이가 힘을 과시하며 누군가를 폭행하는 것을 쉽게 볼 수 있습니다. 또 어린 시절 가까운 사람으로부터 이해받지 못한 경험이 굉장한 상처가 되었던 사람은 나중에 자신도 모르게 다른 사람들을 평가하고 비난하기도 합니다. 혹은 부모님께 위로받고 싶었을 때마다 **"네가 참아."**와 같이 감정을 억압당했던 것이 상처였던 사람은 자신의 감정을 제대로 표현하지 못하며, 그런 부모님의 가르침을 자신의 것으로 받아들여서 '**감정을 표현하는 것은 부끄러운 일이야!**' 하며 감정을 차단할 수도 있습니다. 또한 나중에 자신의 자녀에게도 똑같은 상처를 줄 수 있겠지요. 이처럼 상처받은 내면아이의 치유되지 못한 부정적 감정들이 성인기의 다양한 부적응으로 이어집니다.

남들이 보기에 비교적 굴곡 없는 유년기를 보냈다고 해서 상처받은 내면아이가 존재하지 않는 것은 아닙니다. 비슷한 상황과 사건을 어떤 아이는 비교적 둔감하게 받아들였을 수 있고, 또 어떤 아이는 훨씬 예민하게 받아들였을 수도 있기 때문입니다. '결국 별거 아닌 걸로 상처받은 내가 문제였던 건가?', '내가 남들보다 예민해서 상처받았나 봐.'와 같은 생각이 들 수도 있겠습니다. 그러나 이런 생각들로 스스로를 비난할 필요는 없습니다. 어린 시절에는 당연히 그럴 수밖에 없었을 겁니다. 왜냐하면 어린아이는 객관적인 판단을 내리기 어려운 존재이기 때문입니다. 이성적인 사고와 판단을 하고, 감정적인 충동을 조절하는 등의 고등 기능을 담당하는 전두엽은 어린 시절에 완전히 성숙하지 않은 상태입니다. 그래서 어린아이는 자신과 상황을 객관적으로 바라보고 판단하기를 어렵게 느끼는 것입니다. 그러니 스스로를 탓하거나 '**왜 그렇게밖에 할 수 없었지?**', '**내가 현명했다면 달라졌으려나?**' 하며 **불필요한 싸움**을 하지 않아도 됩니다. 상처 입은 마음은 작고 여린 그때의 아이가 감당하기에는 너무 컸겠죠. 중요한 것은 나의 잘못이 아니었다는 것입니다. 나는 그저 한 아이로서 누군가의 애정 어린 손길과 사랑을 필요로 했을 뿐입니다.

여기까지 읽으셨다면, 내면아이가 가진 문제들의 원인이 나 때문이 아니라는 것을 알게 되었을 것입니다. 하지만 애석하게도 상처받은 내면아이와 함께 살아가는 사람도, 돌봐야 하는 사람도 당신입니다. 아이일 때는 보살핌이 필요한 존재였다면, 성인이 된 지금의 당신에게는 그 아이를 보살필 수 있는 힘이 있다는 것을 인지해야 합니다. 이제는 당신의 상처받은 내면아이가 떼를 피우고 어린 방법으로 욕구를 채우려고 한다면, 모른 척하거나 회피하는 대신 달래주며 돌보는 것이 어떨까요? **불편한 상황을 인식하고, 감정을 평가하지 않고 받아들이는 것입니다.** 상처받은 내면아이는 해소되지 않은 감정과 채워지지 않은 감정으로 이루어져 있습니다. 어딘가 모르게 불편한 느낌이 든다면 내면아이를 향해 질문을 던져보세요. **'나의 내면아이야. 어디가 불편하니?', '내가 어떻게 도와주면 좋겠니?'**와 같이 말이죠.

나의 내면아이에게서 '힘들어.'라는 소리가 들려온다면, '아직 힘들면 안 돼.', '좀 더 참아.'와 같이 평가적인 반응을 보이기보다 **'그렇구나. 그동안 달려오느라 참 고생했어.'**와 같은 격려의 표현을 하는 것이 중요합니다. **어린 시절, 내가 가까운 누군가에게 듣고 싶었던 말과 받고 싶었던 보살핌을 해주듯이요.** 그렇다고 해서 감정에만 집중하라는 이야기는 아닙니다. 만약 마감 기한이 얼마 남지 않은 중요한 업무를 하는데 계속해서 '힘들어. 쉬고 싶어'와 같은 내면의 소리를 듣는 상황을 생각해 보세요. 업무를 뒤로하고 놀이공원에 가는 것은 현실을 고려하지 못하고 감정에만 치우친 방법이겠지요. 내면아이의 감정을 알아주되 현실을 고려하여 보다 이성적이고 합리적인 방법으로 돕는 것이 중요합니다. '정말 고생이 많아. 끝나고 네가 좋아하는 게임하면서 쉬자.' 라든지, '많이 힘들지? 그러면 한 시간만 쉬고 일을 해볼까?'와 같은 말을 건네면서 우리의 감정과 생각을 이어주는 것입니다.

　상처받은 내면아이를 돌본다는 것은 조금 생소하고도 어렵게 느껴질 수 있습니다. 하지만 어떻게 보면 상처받은 내면아이로 인해 그동안 부정했던 것들은 원래는 내가 가지고 있던 힘이었으며, 나에게 더 많은 잠재력이 있었다는 뜻이기도 합니다. 저 역시도 지금은 무언가를 시도할 때에 굉장히 큰 용기를 필요로 하지만, 어렸을 때는 무언가를 시도하고 도전하는 데에 겁이 없었습니다. 즉, 내 안의 내면아이가 용감함을 지녔다는 의미이기도 하겠지요. **사랑받지 못한다고 생각하는 사람에게는 밝고 사랑스러운 모습이, 불안하고 두려움이 큰 사람은 그만큼 웃을 수 있는 천진함이, 겁이 많아 도전을 주저하는 사람에게는 그만큼의 용기가, 매사에 부정적인 사람에게는 잠재된 낙천성이, 타인의 평가가 두려워 지나치게 위축된 사람에게는 솔직함이 공존합니다.** 우리는 모두 이 힘을 가지고 태어났습니다. 내 안의 상처받은 내면아이를 잘 보살피고 어루만져 주며 내면아이와의 연결감을 추구한다면, 그 아이는 그동안 발휘하기를 주저했던 놀라운 힘을 서서히 나타내기 시작할 것입니다.

상처받은 내면아이를
껴안아 주는 법

상처받은 나의 내면아이를 껴안아 주기 위해 '**나비 포옹**'을 해봅시다. 원래 나비 포옹은 불안하고 두려움이 느껴질 때 스스로를 토닥이며 마음을 안정시키는 기법입니다. 이 책에서는 나의 내면아이를 스스로 껴안아 주며 내 안에 있는 어린아이와 소통하는 데에 사용해 보려고 합니다. 불안과 두려움이 느껴질 때뿐만 아니라, 내면아이와 연결감을 추구할 때마다 자주 사용하는 것이 좋습니다. 다음을 순서대로 따라해 보세요.

1. 왼손을 나의 오른쪽 가슴 위에 올리세요.

2. 오른손을 나의 왼쪽 가슴 위에 올리세요.

3. 두 팔이 교차해 나를 감싸고 있음과 나의 체온이 주는 따뜻함을 느끼며, 눈을 살며시 감고 호흡을 천천히 깊게 합니다.

4. 그 상태로 나비가 날갯짓하듯 양손을 번갈아 가며 가슴을 가볍게
   토닥여줍니다.

5. 내 안에 있는 내면아이를 향해 '네 잘못이 아니야.'라고 말해줍시다.

6. 마지막으로 나의 내면아이에게 해주고 싶은 말을 해줍시다.

(04)

그대여,
착한 아이 콤플렉스에서 벗어나라!

착한 아이 콤플렉스

'좋은 사람' 혹은 '착한 사람'으로
비춰지고 싶었어요.

그래서 인정받기 위해 노력했죠.
때로는 무척 힘들기도 했지만

그럼에도 끝내 나를 향한 칭찬을 들으면
곧 안심되었고 더 인정받고 싶어졌습니다.

하지만 이 기분은 오래가지 못하고
어느 순간 스스로가 호구 같이 느껴졌어요.

그렇지만 멈출 수는 없었어요.
안 그러면 미움받을 것 같아서요.

착한 아이 콤플렉스는
끝도 없이 반복되는 모래성 쌓기 같아요.
공들여 완성하지만, 얼마 못 가 무너지지요.

착한 아이 콤플렉스는 버려짐에 대한 두려움과
과도한 인정 욕구에서 비롯되는데요,

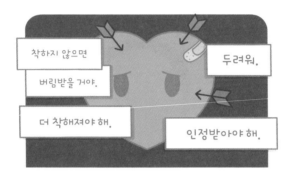

이런 마음이 점점 자리 잡아
어느 순간부터 나쁜 소리를 듣는 것보다
내 감정을 외면하는 것이 낫다고 생각하게 되면서
남에게 맞추어 사는 데 더욱 익숙해지죠.

하지만 익숙한 것이 항상 옳은 것은 아니죠.
잠깐의 자기만족과 안정감을 위해
지속적으로 나의 감정을 외면한다면
과연 나에게 '좋은 사람'이라고 할 수 있을까요?

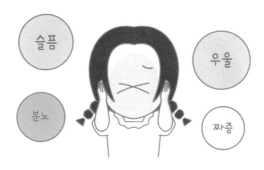

우리는 모두에게 좋은 사람이 될 수는 없습니다.

다른 사람들에게 버림받지 않고 인정받기 위해
내 감정을 무시하면
나에게 좋은 사람이 될 수 없듯 말이죠.

특히 착하다/나쁘다, 좋다/싫다 와 같은 개념들은
분명한 선과 악이 아닌 이상
그 의미가 사람마다 각기 다릅니다.

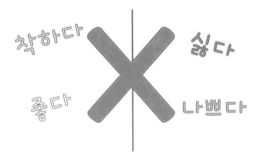

누군가에게는 내가
착하고 좋은 사람이겠지만
누군가에게는 그렇지 않을 수도 있어요.

그러니 상대방이 나를 인정해 주지 않는다고 해서
속상해할 필요가 전혀 없고,
또 상대방에게 무조건 맞춰줄 필요도 없답니다.

착한 아이 콤플렉스에서 벗어나
진정으로 건강한 관계를 맺고 싶다면,
다른 사람을 이해하는 마음을 가지면서도
나의 기준을 명확히 세우는 것이 중요해요.

열린 마음으로 사람들을 받아들이며
타인에 대한 시각을 넓히면서도,
나의 마음과 감정에 해가 된다면
언제든 단호해질 수 있어야 하죠.

우리에게 진정으로 필요한 것은
남에게 모든 것을 맞추며 이어가는
불안정한 관계가 아니라,

사람들을 포용할 줄 알면서도
동시에 나를 지킬 수 있는
솔직함과 용기 아닐까요?

'**착한 아이 콤플렉스**'는 용어 그대로 착한 아이처럼 행동해야 한다는 생각에서 벗어나지 못하는 경향을 뜻합니다. 그래서 착한 아이 콤플렉스를 가진 사람은 자신의 감정과 욕구보다 다른 사람의 기분과 반응을 우선시합니다. 설령 자신의 마음이 불편하더라도 말입니다. 우리는 어릴 때부터 삶에 적응하기 위한 나름의 노력을 합니다. 그 방식이 옳은지 그른지 제대로 판단하지도 못한 채로요. '착한 아이 콤플렉스'도 생존 방식에서 비롯됩니다. 정신분석학적인 입장에서는 착한 아이 콤플렉스의 원인을 버림받는 것에 대한 불안과 두려움으로 보았습니다. 어릴 적에 부모 혹은 양육자와 정서적인 유대가 충분히 형성되지 않았을 경우, 자신이 버려질까 두려워 타인에게 맞추는 삶을 살게 된다는 것입니다. 하지만 문제는 나의 욕구를 무시하고 타인에게 맞추었기 때문에 그만큼의 대가가 따른다는 점입니다. 이러한 생존 방식이 효과적이기만 했다면 '나 착한 아이 콤플렉스인가?' 하는 고민도 하지 않았을 테지요.

저 역시 몇 년 전까지만 해도 심각한 착한 아이 콤플렉스가 있었답니다. 중학생 때 한 친구로부터 크게 따돌림을 당하고 그 후 갑작스러운 소아암으로 병원에서 긴 투병 생활을 했는데, 간호사분들에게 커다란 선물을 돌리던 부잣집 아이와 비교당하며 오랫동안 차별을 받았습니다. 목숨이 왔다 갔다 하는 상황에서 차별을 받았더니 그 기억이 마음의 중심에 너무나 크게 자리 잡아서 상처받지 않으려고 악착같이 애를 썼던 것 같습니다. 계속해서 다른 사람의 눈치를 보기도 했고, 저보다는 다른 사람이 항상 우선이었습니다. 그래서인지 어느 순간부터 저는 일명 **'착한 애'**, 혹은 **'좋은 사람'**으로 불렸고, 착해야 한다는 강박이 저를 옥죄기 시작했습니다. 사람들은 저를 좋아해 주었지만, 그 기저에는 **'착하니까'**라는 조건이 깔려 있었습니다. 문제는 그 '착하다'가 그들에게 이익이 되는 행동을 해서 좋다는 의미였다는 것입니다. 그래서 내키지 않는 부탁을 받아도 거절하기 어려웠고, 마트에서 장을 보거나 옷을 구매할 때도 직원의 눈치가 보여 덥석 결제하기도 했습니다. 심지어는 심리적인 어려움으로 상담을 받을 때도 상담자가 원하는 내담자가 되기 위해 순응하고 변화하려는 거짓된 반응을 보였습니다.

이 이야기를 읽고 어떤 생각이 드나요? '공감된다', '호구 같다', '바보같다', '안타깝다' 등의 생각이 들 수도 있겠지만, 아마 '저 사람 참 선하네'라는 생각은 들지 않았을 것 같습니다. 네, 맞습니다. **착한 아이 콤플렉스는 본성에서 우러나오는 선함과는 전혀 다릅니다.** 그래서 착한 아이 콤플렉스를 겪을 때는 베푼 만큼 좌절도 크게 느껴집니다. 만약 나의 상황이 여유롭고 자유 의지로 상대방에게 호의를 베풀었다면, 내가 베풀었던 만큼 돌려받지 못했더라도 크게 실망하지 않았을 겁니다. 하지만 상대방의 기준에 맞춰서 나를 희생하고 내 시간과 노력을 들여서 호의를 베풀게 된다면, 상대방에게 호의가 돌아오지 않았을 때 커다란 좌절을 경험할 수도 있습니다. 물론 타인의 호의를 당연하게 생각하고 계속해서 상대를 일꾼처럼 부리는 사람은 멀리해야 하죠. 하지만 사람은 보통 계속해서 호의를 받으면 그 상황에 익숙해집니다. 영화 〈부당거래〉에 나오는 아주 유명한 명대사인 '**호의가 계속되면 권리인 줄 안다**'에 많은 사람들이 공감을 표한 것도 그만큼 사람들이 호의와 친절에 쉽게 익숙해진다는 의미겠지요. **같은 향을 계속해서 맡으면 후각이 둔해지는 것처럼, 친절과 호의도 마찬가지입니다.** 적응의 동물인 인간이 계속해서 고마움을 표현하려는 의식적인 노력을 하기보다는 계속되는 친절과 호의에 익숙해지는 것은 어찌 보면 당연한 이치입니다.

저 또한 시간과 노력을 들여서 친구에게 잘 보이려고 애썼던 적이 있었습니다. 처음에는 그 친구도 고마워했습니다. 하지만 시간이 지날수록 나의 친절이 당연시된다고 느껴졌고 '또 이용당했다.', '왜 나한테 고마워하지 않지?' 하는 생각과 함께 우울감과 허망함 등 다양한 부정적 감정이 뒤따라 왔습니다. 그러면서도 그런 감정을 드러내면 상대와 멀어질 것 같아 주저하고 제대로 표현하지 못하기가 다

반사였습니다. 그래서 그 많은 부정적인 감정을 스스로에게 쏟기 시작했습니다. '**나는 왜 이렇게밖에 못 할까?**', '**나는 정말 바보 같아.**' 등 말입니다. 스스로가 피해자가 된 것 같이 억울한 기분이었습니다. 지금 이 글을 읽는 당신에게도 비슷한 경험이 있거나 그런 감정을 느껴본 적이 있다면 내 행동이 누군가에게 인정받기 위한 것은 아닌지, 그 과정에서 내 마음을 외면하지는 않았는지 생각해 볼 필요가 있답니다. 내가 내 마음을 이미 외면했는데 다른 사람에게 좋은 사람이 된다고 한들 무슨 의미가 있을까요? 저마다 다른 생각과 가치관, 기준을 지닌 **사람들의 요구를 만족시키려다가는 정작 나에게 좋은 사람이 되기 어렵습니다.** 나의 불안과 공허함을 해소하기 위해 했던 노력이 되레 나를 더욱 힘들게 한다면 그건 **잘못된 방법임을 느꼈으면 좋겠습니다.** '좋은 사람'이 되려고 너무 애쓰지 않아도 괜찮습니다. 그저 자신을 좀 더 위해도 된다는 이야기를 하고 싶습니다.

정말로 좋은 사람이 되려면

1. 내가 생각하는 좋은 사람의 기준을 명확히 하기

사람마다 '좋은 사람'의 기준은 다르답니다. 언제까지 다른 사람들의 기준에 맞춰 살 수는 없습니다. 다른 사람의 기준에서 벗어나 내가 생각하는 좋은 사람의 기준은 무엇인지 자신의 마음을 관찰해야 합니다. 그렇지 않으면 계속해서 남의 기준에 맞추느라 나의 욕구를 외면하게 되기 때문에 내가 원하는 삶을 살기 어려워집니다.

내 기준에서 좋은 사람은 어떤 모습인가요?

....

....

내 기준에서 좋은 사람이 되려면 어떤 행동을 해야 할까요?

....

....

2. '타인의 욕구/기대'와 '나의 욕구/기대' 간의 차이 비교하기

나의 행동이 나의 기대에 맞는 것인지 타인의 기대에 맞춘 것인지 유심히 봐야 합니다. 착한 아이 콤플렉스는 하루아침에 생기지 않습니다. 오랜 습관과도 같죠. 그렇기 때문에 자신도 모르게 본인의 욕구와 기대는 무시하고 타인에게 맞게 행동했을 것입니다. 이제는 내 욕구와 기대를 발견하고 다른 사람의 것과 분리해서 어떤 차이가 있는지 알아야 할 때입니다. 둘의 방향이 같다면 문제가 되지 않겠지요. 하지만 그렇지 않은데도 타인의 욕구에 맞춰 산다면 힘들어질 수 있습니다. 예를 들어 내키지 않는 부탁을 들어주는 경우는 타인과 나의 기대가 불일치하는 것입니다. 이때 자신의 욕구에 좀 더 귀기울이길 바랍니다.

나를 향한 타인의 기대는 무엇인가요?

....

나의 욕구와 기대는 무엇인가요?

....

둘은 어떤 차이가 있나요?

....

3. 착한 아이 콤플렉스가 나에게 미치는 영향 목록화 하기

콤플렉스는 나에게 지대한 영향을 미칩니다. 그러나 착한 아이 콤플렉스를 가진 사람들은 콤플렉스가 자신에게 미치는 영향에 대해 잘 모르는 경우가 많습니다. 그저 막연히 괴로움을 느낄 뿐이지요. 하지만 좋은 사람으로 인정받고 싶어서 나의 욕구를 무시했던 행동들이 나에게 어떠한 영향을 주는지 깨닫는 것이 중요합니다. 간단하게 세 가지 정도만 생각해 볼까요? 저부터 하나 말하자면, 저는 제가 삶의 주인공이 아닌 것 같은 씁쓸함을 느꼈습니다.

1
....
2
....
3
....

4. 거절 목록 만들기

착한 아이 콤플렉스를 가진 사람이라면 누군가 곤란한 부탁을 해올 때 바로바로 거절하기가 어렵다는 데 공감하실 겁니다. 아직 나만의 기준이 명확하게 잡혀 있지 않기 때문입니다. 그러니 내 기준에서 허용되지 않는 것을 구체적으로 적어 보고, 그런 상황이 왔을 때 거절해 보는 것은 어떨까요?

나는 _____ 할 때 거절할 것이다.

나는 _____ 할 때 거절할 것이다.

나는 _____ 할 때 거절할 것이다.

나는 _____ 할 때 거절할 것이다.

나는 _____ 할 때 거절할 것이다.

5. 모두를 만족시킬 수 없음을 알기

'내가 거절하면 그 사람이 나를 싫어하겠지?'라는 생각 때문에 두려울 때마다 떠올려 보세요. '**나는 모두를 만족시킬 수 없다!**'고 말입니다. 다른 사람을 만족시키는 것보다 나를 만족시키면서 사는 것이 훨씬 더 편안하다는 걸 기억하세요. 때로는 미움받을 용기도 필요하답니다. 모두를 만족시킬 수 없음을 아는 것 또한 매우 용기 있는 마음가짐입니다.

진정으로 용감한 사람이란?

예전에는 내 마음이 아프다는 것과
힘들다는 것을 인정하면
'약한 사람'이 되는 거라고 생각했어요.

그래서 필사적으로
'나는 괜찮아.'라고 생각했는지도 몰라요.

절레

절레

하지만 상담심리학을 배우고 난 후,
제 생각은 완전히 바뀌었죠.

내 마음이 아프고 힘들다는 걸 인정하는 데에는
정말 정말 큰 용기가 필요하다는 것을 알게 됐거든요.

지금 마음이 힘든 사람들에게도
제 생각을 말해주고 싶어요.

아프고 힘든 것은 나약해서가 아니라,
이겨내고 있기 때문이라고요.

또, 힘들고 아픈 것을 인정하는 것은
아주 용기 있는 선택이라는 걸요.

용기 있는 선택을 하기는 그만큼 힘들겠지만,
분명 스스로를 더욱 나은 길로 향하게 해줄 거예요!

아자!!

05

열등감,
꼭 부정적이기만 할까?

열등과 우월

우리는 살면서 누군가에게 열등감을 느끼곤 합니다.
사회 안에서 누구나 느낄 수 있는 지극히 자연스러운 감정이죠.

그때 느껴지는 성가신 당혹감은
우리를 작아지게 만들고
그런 감정을 받아들이기가 마냥 쉽지는 않죠.

내가 이렇게 작았다고...?!

어... 내가 이런 사람이 아닌데....

그래서 우리는 때때로 진실한 마음을
들으려 하기보다는,
그런 마음을 덮어버리고자
더 쉬워 보이는 방법을 택하곤 합니다.

부족한 나를 마주할 자신이 없어서
남을 미워하고 시기하거나,

스스로를 지나치게 폄하하면서
나에게는 원래 극복할 수 있는 능력이 없었다는 듯
자기 연민에 빠지기도 하죠.

하지만 상대를 향한 시기심과 나를 향한 비난의 화살은
나를 '더 나은' 사람으로 만들어 주지 못합니다.
나는 성장하지 못한 채 미움만 자라나지요.

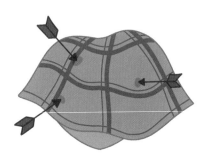

우리의 마음이 진정으로 원했던 건
이런 모습이 아니었을 거예요.
우리는 '열등감'을 다시 바라볼 필요가 있답니다.

본래 열등감이란, 더 나아가고자 하는 마음이 있기에
느껴지는 것이라고 말씀드렸죠.
그러니 조금 따끔한 마음이 들 때에
용기 내어 마음 깊은 곳을 들여다볼까요?

나는 무엇을 원하는지,
내가 바라는 모습은 어떤 것인지요.

우리는 알아야 해요.
때로는 마음을 불편하게 하는 것이
우리를 더 성장시켜 줄 수 있다는 걸요.

열등감은 바로 '신호'입니다.
'내 마음이 이루고 싶은 게 있었다'는 신호요!
물론 다른 사람의 잘난 모습을 볼 때에는
마음이 욱신거릴 때도 있겠지만,

내 마음에 초점을 두고
진정으로 내가 이루고자 하는 목표를 생각하면서
조금씩 열등감을 극복하다 보면,

어느새 한껏 성장한 나를 마주하게 될 거예요!

내가 여기까지 왔다니!

스스로가 부족하다고 느껴질 때 생기는 감정인 '열등감'은 늘 우리에게 긴장을 자아냅니다. 특히 점점 가열되는 경쟁적인 사회 분위기는 자연스레 남과 자신을 비교하며 열등감을 경험하게 합니다. 저 역시도 이전부터 제 그림 실력에 열등감이 있었고 지금도 그렇습니다. 다만 차이가 있다면, 바로 열등감을 대하는 저의 마음과 태도입니다. 지금 말하기 부끄러울 정도로 오래된 이야기지만, 저는 중학생 때까지만 해도 주위 어른들과 친구들에게 그림을 정말 잘 그린다는 얘기를 많이 들었습니다. 하지만 학년이 올라갈수록 그림을 전문으로 하거나 미술 학원에 다니는 친구들과 비교하면 제 그림은 뒤떨어져 보였습니다. 그때 저에게는 항상 '제일 잘 그리는 친구'로 남고 싶은 마음이 있었나 봅니다. 그림을 잘 그리는 친구들에게 괜히 샘이 났고, '쟤는 미술 학원 다녀서 잘 그리는 거야. 내가 미술 학원에 다녔으면 쟤보다 더 잘 그렸을걸?' 하며 스스로 합리화했습니다. 그 친구들은 그저 자신의 위치에서 열심히 실력을 키워나갔을 뿐이었는데도 말입니다. 그렇게 다른 사람들을 깎아내리고 나서도 속이 후련해지지는 않았습니다. 잘 그린 다른 사람의 그림을 보면 마음이 울렁거리고 기분이 안 좋아졌습니다. 그러면서도 다른 사람의 실력을 인정하게 되면 제가 그 사람보다 못하다는 걸 스스로 인정하게 되는 것 같아서 필사적으로 다른 사람의 단점을 찾으려 했습니다. 그렇게라도 하지 않으면 스스로가 금방이라도 무너져 내릴 것 같았기 때문입니다. 그런데 참 이상했습니다. 저를 지키기 위해 열심히 남을 깎아내렸는데 돌아보면 저에게 남는 것은 아무것도 없었고, 다른 사람들은 꾸준히 최선을 다하며 발전하고 있었습니다. 그렇게 다른 사람들이 좋은 결과를 낼 때마다 저는 더 작아졌습니다. 남을 깎아내릴 힘조차 없어질 때쯤 비난의 화살은 저에게 돌아왔습니다. '나는 왜 이것밖에 못 할까?' 하며 계속해서 자신을 낮췄고 무기력의 끝을 달렸습니다. 좋아하는 그림 그리기도 오랫동안 손을 놓았습니다.

그때 대학교 전공 수업에서 **알프레드 아들러**Alfred Adler**의 심리학**을 처음 접하게 되었습니다. 아들러는 한 사람을 이해하기 위해 '열등감'을 중요하게 다룹니다. 아들러에 따르면 인간은 모두 열등한 존재로 태어나서 지금보다 더 나은 상태로 성장하려는 우월을 추구합니다. 이때 우월은 남들보다 잘났다는 것이 아니라, **자신의 가능성을 더 많이 실현한다**는 의미라고 할 수 있습니다. 흔히 무언가를 이루고자 할 때, '잘하고 싶어!', '잘되고 싶어!'라는 마음을 느껴보았을 것입니다. 혹은 내가 원하는 것을 이룬 사람을 보며 부러움을 느끼기도 합니다. 이러한 과정에서 자신에게 부족한 점을 극복하기 위해 열등감이 생기는 것이지요. 열등감을 이겨 내면 지금보다 발전할 수 있다는 점에서 열등감은 우리가 꼭 겪어야 할 인생의 '성장통'과도 같은 존재처럼 느껴지기도 합니다.

그러나 자기 삶의 목표에 대한 인식이 부족하면 열등감이 주는 표면적인 불쾌감만을 인식하고 이를 회피하려 들 수 있습니다. 특히 우월을 향한 의지가 남들을 이기고자 하는 것에만 집중되어 있으면 만성적인 열등감에 빠지게 될 수도 있습니다. 남들보다 우월하려는 목표는 결코 채워지지 않기 때문입니다. 외부의 상황은 늘 바뀌고 그에 맞춰 멋있고 잘난 사람들 또한 계속해서 나타나기 마련이니까요. 이렇게 열등감에 빠지게 되면, 열등감을 마주하기가 두려워서 회피하게 되고, 그것이 되레 콤플렉스가 되어 성장과 발전을 가로막는다고 합니다. 만약 남이 나보다 잘나가는 것에 지나치게 열등감을 느끼고 있다면 목표의 방향이 내 삶을 향하고 있지 않을 수도 있다는 의미입니다.

열등감에 빠질 때 겪을 수 있는 콤플렉스로는 '열등 콤플렉스'와 '우월 콤플렉스'가 있습니다. 우선 '열등 콤플렉스'란 남들과 비교해서 자신이 지나치게 열등하다고 받아들이고, 열등감을 극복하려는 노력을 회피하는 것입니다. 비교 자체가 나쁜 것은 아닙니다. 비교를 통해서 자신을 보완하기도 하고 자신보다 우위에 있는 사람을 바라보며 성장하는 계기가 되기도 하기 때문입니다. 하지만 열등 콤플렉스에 빠지면 자신의 단점만을 생각해서 스스로를 지나치게 깎아내리게 됩니다. 예를 들어, 계속해서 자신을 비하하며 자기 연민에 빠지는 사람은 열등 콤플렉스를 겪을 확률이 높습니다. 자신의 삶에 스스로 책임을 지기보다는 세상 탓, 환경 탓을 하면서 열등감을 극복할 수 없다고 합리화하는 것이 편하다고 생각하기 때문입니다.

'우월 콤플렉스'란 자신의 열등감을 받아들이거나 극복할 용기가 없어서 자신이 실제보다 더 대단한 사람인 것처럼 과장되게 생각하거나 표현하는 것을 뜻합니다. 이들에게는 남들보다 우월해야 한다는 욕망이 깊게 자리 잡고 있습니다. 그래서 자신보다 부족하다고 생각되는 사람을 무시하며 우월감을 얻기도 하고, 과거 경험이나 지인을 내세워 자신을 포장하기도 하며, 허언을 하거나 거짓된 선민의식을 갖기도 합니다. 사람들을 만날 때에도 애써 단점을 찾으려고 하거나, 급을 매기려 할 수도 있지요. 우월 콤플렉스에 빠지게 되면 '세상이 나를 몰라줘서 그렇지 내가 얼마나 훌륭한 사람인데.', '저런 덜떨어진 사람보다는 내가 훨씬 낫지.'와 같은 생각을 하면서 우월감을 느끼려 합니다. 이렇게 얻는 우월감은 헛되기 때문에 성취감 없이 열등감만 커지지요. 그 결과 세상에 적대감을 품게 되고, 진정한 이타심과 사랑을 경험하지 못하게 될 수 있습니다.

열등감	열등 콤플렉스	우월 콤플렉스
• 보편적이고 자연스러운 감정 • 극복할 경우 성장의 동력으로써 긍정적으로 작용	• 열등감에서 출발 • 자신의 열등함에 과하게 집착하며, 극복할 수 없는 이유를 만들어서 열등감 극복을 회피	• 열등감에서 출발 • 열등감을 극복하지 못하고 회피하며, 열등감을 보상하고자 지나친 우월함으로 자신을 포장

그렇다고 해서 **열등감에 빠진 사람들을 비난하려는 것이 아닙니다.** 당연히 누구나 그럴 수 있고, 저도 열등감에 빠졌던 적이 있었으니까요. 아들러 역시 사람을 정상과 비정상으로 이분하지 않았습니다. 개개인은 다양하며, 각자가 지닌 목표에 따라 행동을 결정한다고 보았지요. 열등 콤플렉스와 우월 콤플렉스는 삶의 목표가 자신보다는 타인을 향하고 있기에 그에 뒤따르는 열등감의 극복을 회피하려는 목적에서 나타나는 현상입니다. 그러한 목표가 지속되면 개인의 성장을 저해하고 좌절로 이끌기 때문에 **나의 목표는 어느 방향을 향하고 있는지, 혹시 나도 이런 콤플렉스를 가지고 있지는 않은지** 돌아볼 필요가 있습니다. 어쩌면 우리가 정말로 두려워해야 할 것은 열등감 그 자체가 아니라, 스스로의 삶에 초점을 맞추지 않고 열등감을 회피하는 태도일지 모릅니다.

하지만 때로는 좀처럼 극복이 잘되지 않는 열등감에 빠지게 될 수도 있습니다. 키, 가정 환경 등은 우리의 노력만으로는 바꾸기 힘들 수도 있지요. 그럴 때에는 내 삶의 목표를 점검하고 그에 필요한 다른 기능을 더 크게 만들어서 내가 가진 열등감을 보상하는 것이 좋습니다. 내가 지금 추구하고 있는 목표가 무엇인지, 열등감을 극복하고 진정으로 이루고 싶은 것은 무엇인지 생각해 보는 것이지요. 아들러는 어릴 적부터 병약해서 큰 신체적 열등감을 가지고 있었습니다. 그렇지만 병약했던 어린 시절의 경험과 동생의 죽음으로 의사가 되겠다는 삶의 목표를 가지게 되면서 공부를 열심히 할 수 있었습니다. 의사라는 꿈은 크면서 심리학자로 이어졌지요. 목표가 있었기에 신체적 열등감을 자신의 다른 기능을 통해 보상할 수 있었습니다. 저 역시도 그림 실력에 열등감이 있었다고 말씀드렸지요. 그때는 삶의 목표가 단순히 '다른 사람을 뛰어넘어 남들의 관심을 끄는 것'이었습니다. 그러나 '아픔을 겪는 사람들에게 따뜻한 도움을 주기'라는 삶의 방향성을 깨닫게 되면서, 그림은 그렇게 잘 그리지 못해도 '나만의 캐릭터로 따뜻한 메시지를 전하는 상담자'라는 새로운 목표를 갖게 되었습니다. 그렇게 꾸준히 상담심리 공부를 했고 지금과 같은 글도 쓸 수 있게 되었습니다. 이처럼 열등감을 극복하지 못했다고 좌절하는 것보다는 **내가 가진 열등감을 어떤 식으로 보상할 수 있을지** 생각하는 것이 중요한 것 같습니다.

열등감은 언제든 다양한 모습으로 계속해서 우리를 찾아올 것입니다. 그럴 때는 나의 솔직한 마음에 좀 더 집중해보는 것이 어떨까요? '나는 왜 이것밖에 못 할까?', '나는 왜 이것밖에 안 되지?' 같은 생각에 숨어 있는 '**나는 더 잘하고 싶어! 지금보다 더 좋아지고 싶**

어!'라는 마음을 읽어 주는 것입니다. 다른 사람을 보며 작아지는 기분을 느낄 때도 '내가 이루고 싶은 게 또 있구나!', '저 사람의 좋은 점을 따라가려면 어떻게 하면 좋을까?'라고 생각해 보면 좋습니다. 한 발씩 나의 목표를 위해 힘차게 내디디고 지금보다 우월한 나만의 삶을 추구하면서 말이에요. 우리는 어쩌면, 잘하고 싶다는 마음은 대수롭지 않게 생각하면서도 열등감은 느끼면 안 되는 것처럼 여기고 있었을지도 모릅니다. **열등감은 우리가 못나서 느끼는 감정이 아닙니다. 지금보다 더 좋은 사람이 되고 싶어서 느끼는 것입니다.** 우리는 열등감이 주는 표면적인 불쾌감보다는 우리의 진짜 마음에 귀를 기울이는 연습을 해야 합니다. 그러다 보면 부족한 자신의 모습을 마주하는 것이 더 이상 불편하지만은 않을 겁니다. 부족하다는 건 그만큼 더 성장할 수 있다는 의미이기도 하니까요.

마음의 성장통, 열등감 이겨내기

1. 열등감을 성장으로 이끌어주는 질문하기

지금 나는 어떤 열등감을 가지고 있나요?

....

그러한 열등감이 생긴 이유는 무엇이라고 생각하나요?

....

열등감을 통해 내 삶에서 진정으로 이루고자 하는 목표는 무엇인가요?

....

열등감을 극복하기 위한 작은 노력에는 무엇이 있을까요?

....

2. 비교로 지친 나를 격려하기

나의 솔직한 마음에 조금 더 집중해 볼까요? 누군가와 끊임없이 비
교하거나 자책하는 말을 "~하고 싶다."로 바꿔봅시다.

예) '난 너무 소심해. 말도 제대로 못 하고.' → '나도 당당해지고 싶어.'

....
→
....

....
→
....

....
→
....

....
→
....

열등감은 언제든지 찾아올 수 있습니다. 그래서 새로운 도전에 앞서 주저하게 되기도 하지요. 내가 지치고 새로운 시작을 두려워할 때 나에게 어떤 말로 격려해 주면 좋을까요? 힘이 되는 말을 적어 보고, 지치고 두려울 때마다 자신에게 건네줍시다.

06

학습된 무기력에 빠진
당신에게

학습된 무기력

한 실험이 있었어요.
개들을 A, B, C 세 집단으로 나누어
같은 이름의 상자에 넣고, 상자마다 조건을 다르게 하여
바닥에 전기 충격을 주는 실험이었어요.

먼저 A 상자는,
전기 충격이 있지만 코로 조작기를 누르면
전기가 몇 분 동안 멈추게 되어 있었어요.

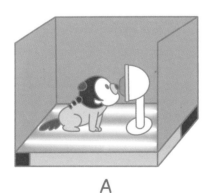

A

반면 B 상자는, 똑같이 전기 충격이 있지만
전기를 멈출 수 있는 조작기가 없었고,
A 상자 개들의 조작에 그대로 영향을 받도록 설계됐어요.
즉, B 상자의 개들이 스스로 통제할 수 있는 것은 없었죠.

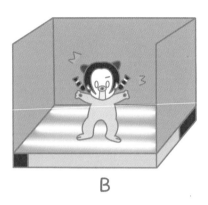

B

마지막으로 C 상자에는,
전기 충격이 아예 없었습니다.

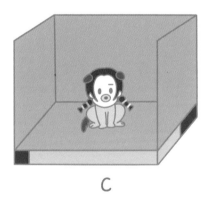

C

그리고 일정 시간이 지난 후
세 집단의 개들을 다른 상자로 옮겨 담았어요.
이번 실험에서는 세 집단의 개들에게
모두 같은 조건의 상자가 주어졌습니다.

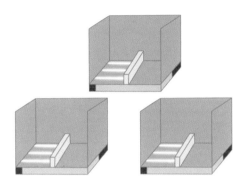

상자 바닥 중앙에 설치된,
충분히 뛰어넘을 수 있는 낮은 벽을 기준으로
전기가 흐르는 곳과 흐르지 않는 곳으로 나누고
전기가 흐르는 쪽에 개들을 두었죠.

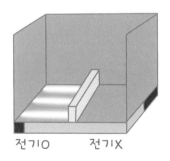

전기○   전기X

과연 결과는 어떻게 되었을까요?

A 상자와 C 상자의 개들은
벽을 뛰어넘어 전기가 없는 쪽으로 향했답니다.

A , C

반면 전기를 멈출 수 있는 조작기가 없었던
B 상자의 개들은… 뛰어넘을 시도조차 하지 않았죠.

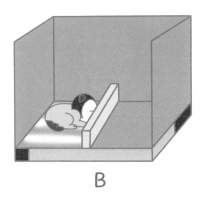

B

이러한 현상을
'학습된 무기력'이라고 합니다.

반복적인 실패를 경험한 후
충분히 극복할 수 있는 상황에서도
어떠한 시도조차 하지 않는 것을 말해요.

이 현상을 어떻게 받아들이면 좋을까요?

중요한 건 원래 개들에게는
충분히 뛰어넘을 힘이 있었다는 것입니다.

살면서 들었던 상처되는 말,

경험했던 실패와 좌절들로 인해
우리는 결국,
자신에 대한 믿음을 포기해 버리고 무기력해지지요.

이를 '학습된 무기력'이라고 했습니다.

실험에서 봤듯이
학습된 무기력을 결정짓는 주요 요소는
외적인 상황과 조건이었어요.

나도 충분히 뛸 수 있다구!

마찬가지로 우리는 수많은 상황과 조건을
맞닥트리며 살아갑니다.

그러다 좌절하기도 하고,
서로 다른 상황과 조건에서 겪었던
여러 실패 경험이 합쳐져 만들어진
큰 무기력의 틀에 갇히기도 하죠.

그 틀은 우리 자신의 모습을
온전하게 볼 수 없도록 합니다.

하지만 외적 조건이 우리를 막더라도
우리의 가능성과 잠재력은 애초부터
존재했다는 사실을 깨달아야 해요.

상황과 조건은 언젠가
새로운 모습으로 다시 찾아오기 마련입니다.

무기력이라는 틀에 갇혀
가능성조차 닫아버리는 대신

자신의 잠재력을 믿고
가능성을 하나하나 열어가야 해요.

사실 당신은 당신이 생각하는 것보다
훨씬 더 대단할 수도 있답니다!

무기력함을 떠올려 보세요. 어떤 신체적인 느낌이나 생각이 드나요? 우선 신체적으로는 기운 없고 처진 느낌이 듭니다. 그다음으로는 아무것도 하기 싫고 할 수 없다는 생각이 들 것 같습니다. 이처럼 '무기력함'은 무언가를 할 수 있는 기운이 없는 상태입니다. 그런데 이런 무기력의 상태가 일시적이지 않고 지속된다면 어떨 것 같나요? 그리고 심지어는 그것이 무기력인지도 모르고 당연하게 여겨왔다면요? 안타깝게도 생각보다 많은 사람이 지속된 무기력을 겪고 있을지도 모릅니다. 저와 당신도 예외는 아니죠. 만화에서도 소개했듯, 이렇게 굳어진 지속적인 무기력을 '**학습된 무기력**'이라고 부릅니다.

만화에서는 동물 실험을 예로 들어 학습된 무기력을 설명했습니다. 각각 다른 조건의 상자에 놓인 개들의 반응을 통해 무기력도 학습된다는 것을 보여주는 실험이었죠. 만화는 쉬운 이해를 돕기 위해 실제 실험 과정을 참고하여 재구성한 것입니다. 이 실험은 동물을 대상으로 많은 실험이 이루어지던 시기에 미국의 심리학자 마틴 셀리그만Martin Seligman 등에 의해 진행되었습니다. 사실 셀리그만은 본래 학습된 무기력을 주제로 실험을 진행하려던 것은 아니었으나, 실험 과정에서 무기력도 학습된다는 것을 우연히 발견하게 됩니다. 이 실험 이후 셀리그만은 학습된 무기력이 동물뿐 아니라 인간에게도 적용된다는 것 또한 발견합니다.

학습된 무기력은 환경의 지대한 영향을 받아 생깁니다. 반복되는 좌절과 실패 경험으로 자신에게는 상황을 통제할 수 있는 능력이 없다고 생각하게 되는 것이지요. 즉, 자신의 행동이 결과에 영향을 미치지 못한다고 여기게 됩니다. 보통 '내가 노력하면 분명 달라질 거야!'라고 생각하는 사람은 좋은 결과와 변화를 맞이하기 위해 스스로 노력을 기울입니다. 그러나 학습된 무기력에 빠진 사람은 자신의 노력이나 의지로는 결과가 달라지거나 변화하지 않는다고 생각합니다. '나는 할 수 없다.', '바꿀 수 없다.'고 생각하며 수동적인 태도를 보이고 자신을 '해낼 능력이 없는 사람'으로 여기게 됩니다. 마치 물 속에서 있는 힘껏 달리다가 앞으로 더 나아가지 못한다는 것을 알게 되었을 때 **'열심히 해도 소용이 없구나.'** 하는 마음이 드는 것처럼 말이죠. 학습된 무기력은 전반적인 삶의 태도로 자리 잡았을 수도 있고, 어느 특정한 분야에 깔려 있을 수도 있습니다. 그리고 학습된 무기력이 삶에 전반적으로 깔려 있을수록 주체적인 선택을 하며 살아가기보다는 타인과 환경의 압박을 받으며 살아갈 확률이 높습니다.

안타까운 점은 학습된 무기력 때문에 새로운 시도나 도전조차 생각하지 못하게 될 수 있다는 것입니다. '사랑받고 싶지만, 나는 사랑받지 못 할 거야.', '난 해낼 수 없어.'와 같은 부정적인 생각에 사로잡히거나, 상황에서 벗어나기를 포기하게 됩니다. 정말 괴롭고 무언가 잘못되었다는 것을 알면서도 빠져나오지 못하는 것이죠. 더구나 무기력은 갑자기 생기는 것이 아니라 여러 번에 걸쳐 학습된 결과이기 때문에 이것이 '학습된 무기력'이라는 것을 알아채기 어렵습니다. 특히 어린 시절 좌절 경험이 많은 사람일수록 성인이 되어서도 새로운 일에 도전하기를 주저하게 되는데, 그럴수록 상황을 보다 객관적으로 바라볼 필요가 있습니다. B 상자의 개들은 전기 충격에서 충분히 벗어날 수 있는 때가 왔음에도 그러지 못했죠. 마찬가지로 스스로 '할 수 없다'고 느끼는 상황이 온다면 '혹시 학습된 무기력 때문은 아닐까?' 하고 되돌아봐야 합니다.

새겨야 할 것은 학습된 무기력이 생겨난 것이 당시의 상황과 조건 때문이지, 당신 자체에 문제가 있어서가 아니라는 점입니다. 비유를 통해 예를 들자면, 똑같은 달리기라도 물속에서와 땅에서의 달리기는 다르다는 것을 아는 것입니다. 그동안 물속에서 달리다가 잘되지 않아서 멈추었더라도 땅과 산에서는 있는 힘껏 달려보는 겁니다.

일, 연애, 인간관계 등 당신이 겪었던 모든 실패도 마찬가지입니다. **당신이 실패했던 그때와는 다른 상황의 기회가 당신을 찾아올 것입니다.** 그러니 힘차게 도전해 보세요. 상황과 조건이 달라진다면 당신이 충분히 해낼 수 있는 것일지도 모르니까요.

학습된 무기력을 극복하는 방법

1. 나의 '학습된 무기력' 알기

내가 가진 학습된 무기력을 적어 봅시다. 학습된 무기력이 어디까지 뿌리내리고 있는지를 파악하는 것이 무기력을 극복하는 첫 단추입니다. 예를 들어 일, 연애, 인간관계, 취업 등이 있겠지요. 혹은 전부일 수도 있고요.

....

....

....

....

....

2. 상황과 나를 분리하기

상황과 조건은 가변적입니다. 그럼에도 우리는 이전과 다른 상황과 조건 속에서도 과거의 실패 경험을 떠올리며 '나는 할 수 없다'고 단정합니다. 나를 학습된 무기력에 빠지게 만들었던 과거의 상황과 지금의 상황을 비교해 보세요. 주변 환경, 만나는 사람들, 지원하는 곳, 시간적 여유, 시험 문제의 난이도, 습득한 지식, 깨달음, 나의 마음가짐 등을 곰곰이 따져 보면 나를 좌절하게 했던 그때와는 다른 점이 넘쳐납니다.

과거의 나의 상황과 지금 나의 상황을 비교했을 때 다른 점이 있다면 무엇일까요?

....

3. 작은 성공 경험 쌓기

무기력뿐 아니라 작은 성공 경험 역시 쌓이며 학습됩니다. 목표의 기대치를 낮춰서 아주 작은 것부터 이뤄봅시다. 아주 작은 일이라도 성취감을 맛보기 시작하면 용기가 생기기 마련입니다. 원하는 목표로 조금씩 다가가 보세요. 예를 들어 체중 감량에 큰 무기력을 느끼는 사람이 용기 내어 한 달에 10kg 감량을 목표로 삼았다고 생각해 봅시다. 성공하기 어려운 큰 목표를 설정하고 실패한다면 또다시 무기력해질 수 있겠지요. 대신 한 달에 3kg 감량하기 정도의 작은 목표를 생각하면 좋습니다. 사소해 보이는 경험이 쌓여 더 큰 경험을 위한 기틀을 마련해 줄 것입니다.

당신이 이루고 싶은 일은 무엇인가요?

....

목표에 다가서기 위해 할 수 있는 가장 작은 일은 무엇인가요?

....

4. 뜻대로 되지 않은 경험에서 깨달음 찾기

뜻대로 되지 않아 나의 마음을 힘들게 했던 과거의 경험을 바꿀 수는 없습니다. 하지만 그 경험 속에서 성장에 도움이 되는 무언가를 깨달을 수는 있습니다. '다음엔 이렇게 하지 말아야지.', '이런 사람은 조심해야지.', '이런 사람은 되지 말아야지.' 등 말입니다. 새롭게 깨달은 점을 함께 생각해 보면 어떨까요?

최근 뜻대로 되지 않았던 일은 무엇인가요?

....

그 일로 얻을 수 있는 깨달음은 무엇인가요?

....

5. 그럼에도 나 자신을 믿고 시도하기

만화 속 개들과 마찬가지로 당신도 스스로 깨닫지 못했을 뿐 상황을 뛰어넘을 힘이 있습니다. 당신의 무한한 가능성을 믿고 용기 내어 도전해 보세요. 실패하면 뭐 어떤가요? 기회는 언제든지 다른 모습으로 당신을 찾아올 것입니다. 실패보다 더 두려워해야 할 것은 당신의 성공 가능성을 애초에 닫아버리는 것입니다.

07

내 신념은
안녕할까?

비합리적 신념

다른 사람은 크게 신경쓰지 않지만,
나에게는 굉장히 크게 다가오는 상황이 있을 거예요.

예를 들면, 시험을 망쳤을 때라던가

누군가 나에게 관심을 주지 않을 때 등 말이죠.

달갑지 않은 사건이 일어나면
당연히 기분이 좋지 않겠지요.
속상하고, 슬프고, 짜증 나고, 우울할 수도 있을 거예요.

모두 인간으로서 느낄 수 있는
자연스러운 감정이지요.

하지만 이러한 감정을 넘어서
굉장히 좌절스럽고 파괴적인 감정이 든다면,
혹은 다른 사람들보다 유독 민감하게 반응한다면
나의 '비합리적 신념'을 살펴볼 필요가 있어요.

비합리적 신념은 '반드시', '~해야 해!'처럼
매우 강요적이고 완벽주의적이며,
비현실적인 기대와 요구를 담고 있습니다.

나는 절대로 거절당해서는 안 돼!

사람들은 반드시 나를 좋아해야 해!

세상은 항상 아름다운 일들로만 가득해야 해!

신념은 아주 깊은 수준의 믿음이기에
우리는 평소에 이러한 신념의 타당성을 판단하지 못하고
그것이 맞는 것처럼 따르며 살아갑니다.

그러나 우리는 인간이기에 늘 완벽할 수는 없고,
타인과 내 생각이 항상 같을 수는 없으며,
세상에 항상 좋은 일만 일어날 수는 없지요.

비합리적 신념을 가지고 있다면
자신의 기대가 조금만 틀어져도
강한 좌절감과 수치심을 경험할 수 있어요.

자신의 신념이 비합리적임을 알아차리지 못한다면
기대를 충족시키지 못한 자신과 타인은
비난받고 질책받아 마땅하다고 생각하게 됩니다.

그래서 비합리적 신념을 많이 갖고 있을수록,
부정적인 감정을 자주 경험하거나
대인관계에도 어려움을 느낄 수 있지요.

내가 가진 비합리적 신념을 수정하면
내 마음도 긍정적으로 변화할 수 있습니다.

그러기 위해서는 우선
내가 가진 비합리적 신념을 발견해야 하죠.
나는 어떤 사건에 유독 크게 반응하는지
한번 생각해 볼까요?

저는 꽤나 모험적이고 성취 지향적이지만 결과가 뜻대로 나타나지 않을 때면 큰 좌절감을 느꼈습니다. 특히나 SNS 작가로 활동하며 좋아요와 댓글 같은 반응이 적으면 '난 작가로서 실패한 걸까?', '난 재능이 없나 봐.' 하는 생각이 절로 떠올랐습니다. 이런 생각으로 더욱 우울해지고, 무언가를 다시 도전하는 데 더욱 오랜 시간이 걸렸습니다. 반면 저와 비슷한 시기에 계정 활동을 시작했지만 제가 움직임을 주저하고 있을 때 저와는 다르게 꾸준히 업로드를 이어가는 분들이 있었습니다. 비슷한 상황 속에서도 대처하는 방법은 전혀 달랐지요. 그분들이 대단하게 느껴지면서도 한편으로는 '어떻게 그럴 힘이 있을까?' 하는 의문도 생겼습니다. 그렇게 다른 작가님들의 성장을 지켜보며 저와의 차이점을 비교하고 분석했습니다. 그리고 저에게 '내가 노력했으니 반드시 다 잘돼야 해!', '사람들은 반드시 나의 노력을 알아주어야 해!'라는 신념이 자리 잡고 있었다는 것을 알게 되었습니다.

합리적 정서행동치료Rational Emotive Behavior Therapy, REBT를 고안한 미국의 심리학자 앨버트 엘리스Albert Ellis는 신념이 우리의 정서와 행동을 이끄는 핵심이라고 보았습니다. 실제로 긍정적인 생각을 하면 기분이 좋아지고, 부정적인 생각을 하면 기분이 우울해지고 나빠지는 것을 경험해 보셨을 겁니다. 바로 이 생각을 이끄는 것이 신념이지요. '신념'은 자신이 확고하게 믿고 있는 무언가로, 어떤 대상을 바라보거나 생각할 때 각자가 가진 신념을 통해 결론을 내리게 됩니다. 똑같은 사건에 대해 다르게 생각하고 행동하는 것은 각자가 가진 다양한 신념 때문이지요. 신념은 개인이 타고난 특성, 그리고 우리가 성장하며 경험하는 환경의 영향을 받아 점차 만들어집니다. 신념은 천천히 삶에 녹아들고 **우리의 생각(사고)보다 깊은 곳에 있어서 보통은 잘 인식하지 못합니다.** 그렇기에 사람들은 대개 자신의 믿음과 생각이 당연하고 옳다고 느끼며 살아가고 신념이 자신을 파괴적으로 이끌 때조차 인식하지 못하기도 합니다. 이론을 배운 저 역시도 실제 제 삶에서 신념을 찾는 데에는 꽤 오랜 시간이 걸렸습니다.

엘리스는 신념에는 합리적 신념과 비합리적 신념이 있다고 했습니다. 비합리적 신념은 융통성 있고 유연한 합리적인 신념과는 다르게 '반드시 ~해야 해!'처럼 강요적이고 완벽주의적인 성격을 띱니다. 비합리적인 신념을 가지고 있을 때 결과가 기대에 미치지 못하면 필연적으로 좌절감을 경험하게 되어 목표를 달성하는 데에 방해가 됩니다. 반대로 합리적 신념을 가지고 있다면 일이 뜻대로 되지 않아도 '어쩔 수 없지. 다음에 더 잘하면 돼.', '이게 인생의 전부는 아니니까!' 하고 유연하게 넘길 수 있을 것입니다. 예를 들어, 면접에 떨어진 것처럼 부정적인 사건이 일어났을 때 합리적 신념을 가진 사람은 속상하긴 해도 비교적 큰일로 받아들이지 않는 반면, 비합리적 신념을 가진 사람은 인생이 무너지고 살아갈 가치가 없다는 생각을 할 수 있습니다. 면접같이 특수한 상황뿐 아니라 일상에서 쉽게 겪을 수 있는 사건에서도 마찬가지입니다. 우연히 반대편 길에 서 있는 지인을 보고 손을 흔들어 보였을 때, 지인이 못 보고 인사를 받아주지 않는다고 생각해 봅시다. 합리적 신념을 가지고 있으면 '나를 못 봤나 보네. 다음에 만났을 때 얘기해야겠다.'라고 가볍게 넘길 수 있지만, 비합리적 신념을 가지고 있으면 '어떻게 날 무시할 수가 있어? 사람 그렇게 안 봤는데!'라고 크게 해석할 수도 있습니다. 합리적 신념을 가지고 사건을 평가하면 자기파괴적인 행동을 하지 않고, 씁쓸한 감정을 느낄지라도 좌절에 크게 반응하지 않을 것입니다. 또한 긍정적인 상황이 일어나도록 반성하고 노력할 수도 있습니다. 반면에 비합리적 신념을 가지고 사건을 평가하게 되면 계속되는 자기비난과 자기혐오, 우울감이나 수치심이 뒤따르게 됩니다.

가지고 있는 비합리적 신념이 많으면 많을수록 더 큰 부정적인 감정을 경험하고 자기파괴적인 행동을 자주 하게 됩니다. 이런 비합리적 신념에는 '자신', '타인', '세상'에 대한 비현실적인 기대와 강요가 녹아들어 있습니다.

자신

"나는 실패할 수 없어. 실패한다면 인생이 망한 거야."

"나는 어딜 가나 주인공이어야 하고 사랑받아야 해. 사랑받지 못한다는

건 내가 가치 없다는 증거야."

"나는 모든 일에서 인정받아야만 해."

타인

"부모(자식)라면 내 말에 따라야지."

"사람들은 모두 나를 특별하게 생각해야 해."

"친구라면 내가 속상할 때마다 내 얘기를 들어줘야 해."

세상

"세상은 늘 아름다운 일로만 가득해야 해."

"세상은 반드시 정의로워야 해."

"세상은 내 뜻대로 돌아가야 해."

물론 모든 부정적인 반응의 원인을 내 비합리적 신념으로 돌릴 수는 없습니다. 살다 보면 누가 보더라도 굉장히 견디기 힘든 사건도 마주할 수 있기 때문입니다. 그럴 때마다 나의 비합리적 신념의

탓으로 돌릴 수는 없는 노릇입니다. 그렇지만 혹시 내가 일상생활 속에서 자신과 타인, 세상에 대해 자주 실망하거나 좌절한다면, 혹은 다른 사람들은 아무렇지 않은데 나는 크게 받아들인다면 내가 가진 비합리적 신념 때문은 아닌지 생각해 보는 것도 좋습니다.

비합리적 신념같이 완벽주의적이고 경직된 생각이 있으면 소소하고 작은 기쁨을 알아차리기 어려울 수 있습니다. 비합리적 신념이 우리가 충분히 누릴 수 있는 행복을 방해하기도 하는 것이지요. 행복은 외부에서 전달되는 힘도 분명 있겠지만, 그것을 받아들이는 우리의 사고 역시 중요한 역할을 합니다. 아무리 좋은 상황이 온다 해도 그것을 '왜?'라고 받아치거나, '이렇게 큰 행복이 오다니. 다음에 더 큰 불행이 오려고 그러는 걸 거야.', '나는 행복할 자격이 없는 사람인데.'라고 받아들인다면 그것은 행복으로 남을 수 없습니다. 반면 아무리 작고 소소한 행복이라도 있는 그대로 충분히 받아들인다면 그것은 행복이라고 할 수 있습니다. 성취와 성장 역시 마찬가지입니다. 현대 사회는 성취에 큰 의미를 부여하고 있습니다. 그래서 많은 사람들이 결과로 나타나는 것에만 초점을 두곤 하지요. 결과가 좋지 않게 나왔을 때는 과정에서 오는 성장을 무시하고 자신을 '실패자'로 낙인찍으며 우울감을 경험하기도 합니다. 하지만 반대로 경험으로 얻을 수 있는 깨달음에 의의를 둔다면 실패도 성장이 됩니다. 그렇지만 우리는 성취주의적인 사회 속에서 작은 성장을 중요하지 않게 여기고 무시하는 경향이 있습니다. 작은 성장들이 모여 하나의 큰 성취가 될 수 있음에도 말입니다. 그러니 만약 무언가를 시도하다 실패했다면 결과에 집중하기보다 작은 성장에 주의를 기울여보는 것이 좋습니다. 그러면 우리는 더 이상 '실패자'가 아니라 '**성장하는 사람**'이 될 수 있습니다.

비합리적 신념을 완화하고 합리적 신념으로 바꾸기 위해서는 무엇이 가장 중요할까요? 이에 엘리스는 '**논박하기**'라고 답했습니다. 논박이란 우리가 가진 신념을 다양한 관점에서 평가하는 것으로 '소크라테스식 문답법'을 대표적인 예로 들 수 있습니다. 고대의 철학자 소크라테스가 상대방에게 질문을 던지고 끊임없이 생각하는 과정에서 답을 찾아 나가도록 유도하듯 자신에게 다양한 질문을 던지는 것입니다. 질문에는 다섯 가지 유형이 있습니다.

- **논리적 논박**: 그러한 신념이 타당하다는 논리적 근거는 무엇인가요?
- **경험적 논박**: 그러한 신념이 타당하다는 경험적 근거가 무엇인가요?
- **실용적 논박**: 그러한 신념이 목적을 달성하는 데 도움이 되나요?
- **철학적 논박**: 그러한 신념이 과연 당신을 행복하게 하나요?
- **대안적 논박**: 이 상황에서 좀 더 타당한 대안적인 신념은 없나요?

–
권석만. 현대 심리치료와 상담이론 : 마음의 치유와 성장으로 가는 길. 학지사. 2012. p. 218
에서 인용

이렇게 다양한 측면에서 자신이 가진 신념의 타당성을 따져 보며 합리적인 신념이 무엇일지 고민하는 것은 생각보다 많은 변화를 일으킵니다. 엘리스는 신념의 변화가 부적응적인 감정과 행동을 바꿀 뿐만 아니라 미래에 겪을 수 있는 부정적인 상황에도 대처할 수 있도록 돕는다고 했습니다. 그렇기에 '논박하기'는 비합리적인 신념을 변화시키는 데에 있어 가장 중요한 과정이라고 볼 수 있습니다. 이러한 엘리스의 이론은 '나 자체'가 이상하고 문제 있는 것이 아니라 '**내가 비합리적 신념을 가졌기 때문**'임을 깨닫게 해 주며 그것을 적극적으로 변화시킬 수 있다고도 말해줍니다.

저는 한때 자신의 분야에서 큰 성공을 이룬 사람들을 보면 '무엇이든 꾸준히 하면 되는구나!'라는 생각을 했습니다. 그렇지만 지금은 **성공한 사람들은 합리적인 신념을 가지고 있거나, 비합리적인 신념이 있더라도 그것을 스스로 논박할 수 있는 사람들**이 아닌가 싶습니다. 물론 꾸준함이 성공을 이끄는 것도 맞습니다. 하지만 꾸준함 아래에는 합리적인 신념, 그리고 비합리적인 신념을 다스릴 수 있는 힘이 존재합니다. 무언가를 이루고자 한다면 **완벽주의적인 기대나 강요보다는 우리의 꾸준함에 독이 되는 신념을 찾아서 스스로 논박하는 힘을 기르는 것이 좋습니다.**

인간관계 역시 마찬가지입니다. 인간관계에 대한 고민이 별로 없는 사람일수록 타인에 대한 비합리적 신념이 적다는 것을 알 수 있습니다. '다른 사람들은 나를 항상 좋아해야 해.'라는 비합리적 신념을 가진 사람을 예로 들어보겠습니다. 이런 사람은 자신을 별로 좋아하지 않거나 자신에게 큰 관심이 없는 사람을 만나면 좌절하고 크게 실망합니다. 그래서 괜히 그 사람을 미워하고, 그것이 큰 갈등으로 번지기도 하지요. 물론 인간관계에는 수많은 변수가 존재하기에 모든 것이 비합리적 신념 때문이라고 할 수는 없지만, **확실한 건 비합리적 신념이 우리의 삶에 전반적으로 깔려 있을수록 우리가 진정으로 원하는 삶에서 멀어지게 된다는 것입니다.** 저의 경우 비합리적 신념으로 인해 '내가 시간을 얼마나 많이 쏟았는데!', '내가 얼마나 열심히 그랬는데!'와 같은 억울한 감정과 함께 '내가 노력해도 어차피 결과는 좋지 않을 거야.'와 같은 좌절과 무기력이 따라왔습니다. 그렇지만 이러한 비합리적 신념을 알아차리고 수정하려고 노력했고, 성취에만 집중하는 대신 과정 역시 충분히 즐기려고 했습니다. 이렇게 하다 보니 삶이 생산적으로 변화하고 있다는 것을 느낄 수 있었습니다. 무엇보다 비합리적 신념으로 인해 불편한 감정들을 느끼는 빈도가 줄어든 것이 가장 큰 변화였습니다. 누구에게나 비합리적 신념이 있으며, 그로 인해 힘듦을 느끼는 것은 당연합니다. 하지만 비합리적 신념의 존재가 당연하다고 해서 당신이 충분히 느낄 수 있는 행복과 경험할 수 있는 성장을 방해받지는 않았으면 좋겠습니다.

비합리적 신념 변화시키기

1. 내가 어떤 상황에서 나와 타인, 세상에 대해 실망하는지 생각해 봅시다.

나는 어떤 상황에서 주로 우울하고 좌절하나요?

예) 결과가 원하는 대로 나오지 않을 때

....

....

다른 사람이 나를 어떻게 대할 때 실망하고 원망스러운가요?

예) 나한테 공감을 해주지 않을 때

....

세상이 어떨 때, 혹은 어떤 소식을 들었을 때 분노하고 우울한가요?

예) 세상이 나의 아픔을 몰라주고, 지원을 해주지 않을 때

....

2. 나의 비합리적 신념에는 어떤 것들이 있을까요?

위에서 적은 상황을 해석하고 부정적인 감정과 행동을 가져온 나의
비합리적 신념은 무엇인지 살펴봅시다. 나와 다른 사람, 세상에게
어떤 강요나 기대를 하고 있었는지 자세히 들여다보는 것입니다.

자신

예) 나는 어떤 일에도 실패해선 안 돼.

....

타인

예) 친구라면 무조건 내 편을 들어야 해.

....

세상

예) 세상은 나의 뜻대로 움직여야 하고, 나를 반드시 알아주어야 해.

....

3. 어떻게 하면 비합리적 신념을 보다 합리적으로 바꿀 수 있을까요?

비합리적 신념을 대신할 수 있는 합리적 신념을 생각해 봅시다. '반드시 ~ 해야 해!' 하는 당위적인 요구 대신에 '~하고 싶어'로 바꿔보는 것도 좋습니다.

자신

예) 이 일에 실패한다고 해서 내 인생 자체가 실패하는 것은 아니야. 다시 도전하면 돼.

타인

예) 모든 사람이 나를 좋아해 주면 좋겠지만, 항상 그런 사람만 있는 것은 아니지.

세상

예) 세상이 정의로 가득 차면 좋겠지만, 이 넓은 세상이 항상 나의 뜻대로만 움직일 수는 없지.

08

게으른 완벽주의자를 위한 선물

게으른 완벽주의자

보통 게으르거나 꾸물거리는 사람을 보면
그 사람에게는 무언가를 잘하고 싶은 마음이
크게 없을 것이라고 생각하기 쉬워요.

하지만 놀랍게도
게을러 보이는 사람 중 꽤 많은 사람은
어쩌면 잘하고 싶은 마음이
보통의 사람들보다 더 클 수도 있답니다.

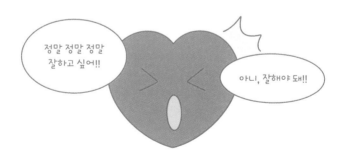

잘하고 싶은 마음이 있는데
왜 자꾸만 꾸물거리고 게으르게 행동하는 걸까요?
이런 행동은 좀 더 깊게 이해해 볼 필요가 있어요.

이런 사람은 단순히 잘하고 싶은 마음뿐만 아니라
자신이 원하는 대로 결과가 나타나야 한다는
완벽주의 신념도 함께 가지고 있는데요,

하지만 살아가다 보면
때로는 원하지 않은 결과와 반응을 마주하기도 하죠.
그리고 그런 결과와 반응들은 대개
우리가 통제하기 어려운 경우가 많아요.

그래서 잘 해내고 싶은 일이 있을 때
'뜻대로 되지 않으면 어떡하지?'
'만약 이런 상황이 나타나면 어떡하지?'와 같이
자신이 마주하고 싶지 않은 결과를 상상하게 됩니다.

너무 많은 것들을 신경 쓰다 보니
실행에 옮기는 데까지 지나치게 신중해질 수 있지요.

무언가를 잘 해내고는 싶지만
자신의 뜻대로 되지 않을까 봐
지금 당장 통제가 가능한 행동들로 시선을 돌리며
해야 할 일을 다음으로 미룹니다.

상처 입기 싫어!

일단 이걸로 막아!

주로 딴짓을 하거나,
진짜로 이루고자 하는 것과는 상관 없는
그다지 중요하지 않은 행동들을 통해서 말이죠.

일단 이렇게 시선을 돌리고 나면
순간적으로 마음이 편해집니다.
'못했다(결과)'보다는 '안 했다(선택)'라는 말이
차라리 낫게 느껴지기 때문입니다.

하지만 이 편함은 오래가지 않고
해 놓은 것이 없기 때문에 다시 막막해지지요.

결국 제대로 이룬 것이 없어서
자신의 능력을 의심하게 되고,
이것이 악순환되며 계속 수행을 방해합니다.

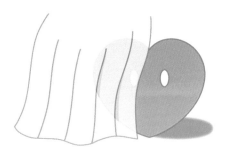

그렇지만 완벽하고 싶은 마음이 오히려 발목을 잡는다면
정말 그것을 '완벽하다'고 할 수 있을까요?

완벽하지 않더라도 시도하며 부딪히고,
깨닫고, 새로 배우기도 하고, 보완해 나아가야
원하는 길에 더욱 다가갈 수 있겠지요.

Level up!

경험+2

멘탈+2

성장+3

지식+1

만약 자신이 '게으른 완벽주의자'라고 생각된다면
'잘해야 된다'보다는 '잘하고 싶은' 마음에 초점을 두고
작은 목표를 정해서 당장 시작해 보면 어떨까요?

그렇게 조금씩 잠재력을 펼쳐보는 거예요!
계속 꾸물거리고 머뭇거리기에는
내 잠재력이 너무나 아까우니까요!

'**완벽주의**'는 심리학 분야에서 이전부터 지금까지 꾸준하게 연구되어 왔고, 이제는 일상에서도 흔히 접할 수 있는 주제이기도 합니다. 최근 들어서는 완벽주의자와 동시에 '**게으른 완벽주의자**'에 대한 일반인들의 관심이 커지고 있습니다. 그런데 게으른 완벽주의자의 이미지를 상상할 때 '게으름'에 초점을 둬야 할지 '완벽주의'에 초점을 맞춰야 할지 도통 모르겠습니다. 완벽주의자인데 게으를 수도 있다니 앞뒤가 맞지 않게 느껴지기도 합니다. 도대체 게으른 완벽주의란 무엇일까요?

우선 게으른 완벽주의의 어원을 알기 위해서 '**완벽주의**'와 '**지연 행동**'의 관계를 밝히는 것이 좋습니다. 일반적으로 완벽주의라고 하면 무언가를 수행할 때 완벽함을 추구하는 태도 정도로만 인식되는 경우가 많습니다. 하지만 완벽주의는 우리의 생각 이상으로 자신의 능력과 행동에 높은 기준을 설정하고 동시에 그 기준에 미치고자 하는 특성입니다. 물론 자신이 현실적으로 도달할 수 있는 범위 안에서 높은 목표를 설정하고 수행한다면 자신의 한계를 뛰어넘는 높은 성과를 낼 수 있으므로 완벽주의가 긍정적으로 작용할 수도 있습니다. 하지만 지나치게 이상적인 목표를 설정하고 자신의 실수를 과도하게 두려워하거나 자기비난적이면, 완벽주의는 부정적으로 작용하기도 합니다.

학자들마다 진행한 연구와 사용하는 용어에 조금씩 차이가 있지만, 대개 평가에 민감하고 자기비판적인 특성을 지닌 사람에게 완벽주의가 작용하면 수행에 부적응적인 특성을 보인다고 합니다. 여기서 '부적응적이다'라고 판단하는 기준은 완벽주의 때문에 해야 할 일에 방해를 받거나 기능이 떨어지는 것을 말합니다. 가령 완벽주의가 있어도 해야 할 일에 크게 방해를 받지 않는다면 그것은 부적응적이라고 할 수 없겠지요. 평가에 민감한 완벽주의자들은 자신에게 높은 성취 기준을 설정하는 동시에 자신의 실수를 과도하게 두려워할 수 있습니다. 또한 자신을 비롯한 타인의 평가와 비판에 대한 염려가 있으므로 자신이 어떤 것을 했을 때 자기가 원하지 않는 평가를 받을까 봐 시작하기를 주저합니다. 그래서 모두가 그런 것은 아니지만, 평가에 민감한 완벽주의자가 자신이 해야 할 것과 이루고 싶은 일을 수행할 때 지연 행동을 보일 수 있습니다.

'지연 행동'은 쉽게 말해서 일을 미루는 것으로, 이러한 모습이 꾸물거리는 것처럼 보여서 일상생활 속에서 부르기 쉽게 어느 순간부터 '**게으른 완벽주의자**'라고 이름 붙인 게 아닐까 싶습니다. 이런 완벽주의자의 지연 행동에는 단순한 미루기 이상으로 복잡한 심리적인 어려움이 내재되어 있습니다. 그렇다면 이러한 지연 행동, 즉 완벽주의자의 미루기에는 어떠한 심리적 어려움이 깔려 있을까요? 우선 아래 문항을 읽고 자신에게 해당되는 문장에 체크를 해봅시다.

- 일에 대한 계획과 실천보다는 그 일을 하는 상상에서 그칠 때가 많다.
- 시작하더라도 조금이라도 내 마음에 들지 않으면 중간에 쉽게 포기해 버린다.
- 일을 완벽하게 마무리하지 않으면 다른 사람에게 절대 공유하지 않는다.
- 다른 사람에게 좋지 않은 피드백을 들을까 봐 조심스럽다.
- 계속해서 일을 미루다가 끝마치지 못 할 때가 많다.
- 결과적으로 '못 했다' 보다 '안 했다'가 더 마음에 든다.
- 무엇을 해보기로 마음먹지만 얼마 안 가 도망치고 싶은 마음이 든다.
- 일을 할 때 지나치게 세세한 부분까지 신경 써서 일 처리가 늦는다.
- 어떤 일을 시작하기에 마음가짐이나 준비가 덜 된 것 같다고 자주 느낀다.
- 시작하지 못한 것에 대한 후회와 시작하는 것에 대한 두려움을 반복적으로 느낀다.

어땠나요? 문항을 읽으면서 게으른 완벽주의자의 마음이 조금은 와닿았으리라고 생각합니다. 게으른 완벽주의자의 미루기는 단순한 게으름과는 달리 큰 불안이 기저에 존재하고 있습니다. 특히 이때의 불안은 '**뜻대로 되지 않을 것 같은 불안**'이라고 보면 이해하기 쉽습니다. 이는 앞에서 언급했던 평가와도 맞닿아 있습니다. 어떤 행동에는 평가가 뒤따릅니다. 자기 자신의 평가뿐 아니라 타인의 평가, '맞다/틀리다'와 같이 단순한 이분법적 평가부터 사람들의 갖가지 반응까지 그 종류도 다양합니다. 이때 실패하거나 주어진 것을 제대로 해내지 못하면 쓴소리를 듣거나 예상치 못한 격한 반응을 얻을 수도 있습니다. 그래서 자신의 행동 이후에 있을 결과의 불확실성과 그에 따르는 다양한 평가들이 자신을 힘들게 하지 않을까 불안함을 느낍니다. 혹은 스스로 높은 기대치를 채우지 못 할까 봐 불안할 수도 있죠.

반대로 성공에 대한 불안감을 가지고 '누군가 시기 질투를 하지 않을까?', '나에 대한 기대가 커지진 않을까?'를 고민하는 게으른 완벽주의자들도 있다고 합니다. 이러한 두려움은 이전에 비슷한 반응을 경험한 사람에게 더욱 크게 나타난다고 합니다. 즉, 게으른 완벽주의자란 무언가를 자신의 뜻대로 잘 해내고는 싶지만, 불확실함을 통제할 수 없을 것 같은 불안을 느껴서 행동을 미루는 사람으로 설명할 수 있을 것 같습니다.

'게으른 완벽주의자'라고 하니 떠오르는 사람이 있습니다. 바로 제 동생인데요, 제 동생은 귀여운 캐릭터를 만드는 것을 좋아합니다. 동생을 옆에서 지켜보면 신선한 아이디어가 항상 넘쳐나고 그림을 잘 그리긴 하지만, 초반의 엄청난 열정은 금방 식고 그림이 더 이상 진전되거나 확장된 적이 없었습니다. 동생에게 "왜 이거 더 안 그리니?"라고 물어보면 "누가 따라 하면 어떡해.", "잘 안 팔리면 어떡해."라고 하면서 행동을 하지 않기도 합니다. 동생 역시 무언가를 잘해내고 싶은 마음은 굴뚝같지만, 그 마음보다 불안함이 더 크게 다가오는 것 같습니다.

게으른 완벽주의자들은 주어진 과제가 어려울수록 자신이 제대로 해내지 못할까 봐 딴짓을 하며 다른 곳으로 시선을 돌립니다. 미래의 결과는 통제하기 모호하고 어렵지만 지금 자신의 행동은 통제하기 쉬우니까요. 예상 가능하고 즉각 얻을 수 있는 현재의 안도감을 추구하는 것이지요. 시험공부를 하는 대신에 유튜브를 보거나, "다이어트는 내일부터!"를 외치며 떡볶이를 먹거나, 과제를 하지 않고 밀린 방 청소를 하면서 말입니다. 혹은 처음에는 곧잘 실행하다가도 그 열정을 계속해서 유지하지 못하기도 하죠. 초반부터 150%, 200%의 에너지를 쏟다가 금방 지쳐서 하던 일을 덮어 두고 쳐다보지 않는 것입니다. **이처럼 게으른 완벽주의자들은 자신이 통제할 수 있는가 없는가에 굉장한 의미를 둡니다.**

눈치채셨겠지만, 게으른 완벽주의자의 행동은 절대 완벽할 수 없습니다. 뿐만 아니라 즉각적인 만족감을 얻는 대신 일을 해낸 뒤의 성취감을 뒤로한 셈이기 때문에 이후에 더 큰 불안이 닥쳐올 수도 있습니다. 일을 미뤄 두고 쉴 때도 마음이 편치 않을 것입니다. 그러한 불편감이 계속 쌓이면 일상생활에도 효율적으로 적응하지 못하기도 합니다. 무언가를 새로 하려다가도 완결 짓지 못한 일이 불쑥불쑥 튀어나와서 거대한 심리적인 압박감을 받게 될 수도 있지요. 결국에는 '해내지 못했다.'라는 생각 때문에 자신이 잘 해낼 수 있을 것이라는 믿음인 자기효능감에도 부정적인 영향을 받을 수 있답니다. 이러한 패턴이 계속되면 나 혼자 하는 일뿐만 아니라 다른 사람과 함께 하는 일에서도 문제가 나타날 수 있습니다. 마감 기한을 못 지키거나 급하게 몰아서 일을 처리하다가 실수를 저지를 수도 있습니다. 계속되는 미루기와 합리화에 주변 사람의 신뢰를 잃을 수도 있겠지요. 부정적인 피드백이 두려워서 일을 미루는데, 미루는 행동이 오히려 더 큰 부정적 평가를 불러올 수도 있는 것입니다.

저는 게으른 완벽주의자에게 불확실함을 견딜 수 있는 용기가 뒷받침되어 준다면 각자가 원하는 방향으로 더 성장할 수 있으리라 생각합니다. 게으른 완벽주의자에게는 잘하고 싶은 마음이 누구보다도 크게 존재하고 있기 때문입니다. 그러니 만일 자신이 게으른 완벽주의자라고 생각된다면, 단순하게 작은 것부터 시작해 보는 것이 어떨까요? 잘하지 못하면 어떤가요? 반드시 잘해야 하고, 내 뜻대로 해내야 한다는 생각은 막상 실행에 도움이 되지 않을 때가 더 많습니다. 그동안 스스로 잘해야 된다고 생각했다면 이제는 마음 편하게 먹고 그 무게를 내려놓아도 괜찮습니다. 따지고 보면 일을 진행하면서 뜻대로 되지 않을까봐 불안함을 느끼는 것이 시작하지 못한 것에 대한 후회와 시작에 대한 두려움을 반복적으로 느끼는 것보다 효율적일 수도 있습니다. **아예 시도조차 하지 않기보다는 작은 것이라도 일단 하다 보면 불안함이나 막막함보다 더 다양한 가능성을 마주하게 될 것입니다.** 무언가를 하고 있다는 것 자체로 충분히 멋지고, 내가 진정으로 원하는 것에 더 가까워질 수 있습니다. '뜻대로 되지 않을까 봐' 두려워서 아무 것도 하지 않기에는 **당신이 가진 잠재력이 너무나도 무궁무진합니다.**

게으른 완벽주의자에게 주는 선물

1. 미루는 행동의 결과 생각하기

자신의 행동에 따르는 현재와 미래의 결과를 생각해 보는 것은 행동
에 통제력을 가져다줍니다. 나의 행동이 어떤 이익과 불이익을 초래
할지 따져 보는 것은 게으른 완벽주의자에게 미래를 생각해 볼 수
있는 좋은 기회이기도 하지요. 만일 지금 내가 해야 할 일을 하지 않
고 상관없는 것을 선택한다면 어떤 일이 일어날까요?

이익 .... 불이익 ....

....

....

....

2. 시작이 어려운 당신에게

지금 당장 해야 할 일 하나를 적어보세요.

....

....

위의 일을 3단계로 가능한 자세히 쪼개어 봅시다.

1단계
....

2단계
....

3단계
....

3. 마감 효과와 보상 활용하기

마감 효과 활용하기

기한이 정해져 있는 일을 할 때 마감 시간 직전에 이를수록 능률이 기하급수적으로 상승하는 효과입니다. 해야 할 일이나 원하는 목표를 잘게 쪼개어 나만의 마감 기한을 정해 보세요. 예를 들어 마감 기한이 이번 달 말까지인 과제가 있다면 10일 단위로 마감 기한을 정하고 그에 맞춰 분량을 나누는 것입니다.

예) 할 일 : 거실 청소 / 기간 및 분량 : 월 – 소파 위 쿠션 정리, 화 – 바닥 청소기 돌리기, 수 – 선반 위 물건 정돈

셀프 토크와 작은 보상 활용하기

게으른 완벽주의자들은 즉각적인 만족감을 중요시하기 때문에 보상이 없다면 과제를 계속하는 데에 어려움을 느끼게 될 수 있습니다. 자신이 원하고 금전적으로 감당할 수 있는 보상을 성공적으로 과제를 마무리할 때마다 주면 됩니다. 보상은 물질이든 휴식같은 비물질이든 상관없습니다. 또한 셀프 토크를 사용하여 스스로 칭찬과 피드백을 해주면서 지속적인 동기부여를 줍시다. 셀프 토크를 할 때는 '더 열심히!'가 아닌, '**잘했어!**'와 같이 자신의 행동을 칭찬하는 말 혹은 다음 실행에 도움이 되는 말을 하는 것이 좋습니다. 이를 바탕으로 다음 장을 작성해 봅시다.

4. 나를 성장으로 이끄는 작은 목표 세우기

목표:

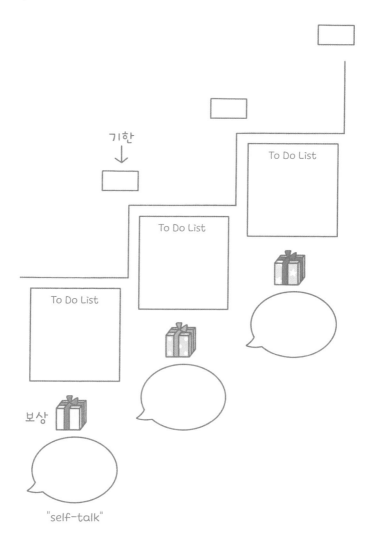

5. 나만의 시작 주문 만들기

게으른 완벽주의자는 계속해서 시작을 미루는 습성이 있기 때문에 스타트를 끊어주는 간단한 주문이 있으면 좋습니다. 나만의 주문을 만들어 시작하기가 망설여질 때마다 외쳐봅시다. 그리고서는 깊게 생각하지 말고 일단 해봅시다. '10분만 있다가', '30분만 쉬고', '내일부터'는 없습니다. **주문을 외치는 순간 몸을 바로 움직입시다.** 만일 누워 있었다면 주문을 외우자마자 앉거나 일어서야 합니다. **몸을 움직이고 자세를 바꾸는 것 또한 시작에 있어 신체적으로 큰 알림이 될 것입니다.**

🍒

PART
2

관계를
돌아보는 방

우리는 서로에게
심리적 안전기지가 되어줄 수 있을까?

성인 애착 유형

우리는 성장하면서
가까운 사람들과의 관계 속에서
많은 영향을 받게 되지요.

어릴 적에 적절한 보살핌과 지지를 받았다면
사람을 바라보는 시선이 긍정적일 수도 있지만,
반대로 그러지 못했다면 부정적일 수도 있죠.

이런 경험들을 통해 우리에게는
사람을 바라보는 자신만의 틀이 형성됩니다.
이 틀을 '애착 유형'이라고 부릅니다.

빨간색 셀로판지를
눈에 갖다 대면
세상이 빨갛게 보이는 것처럼

나의 틀에 따라
나와 타인을 바라보는
시각이 달라진다!

그렇게 자신과 타인을 바라보는 관점에 따라
자신만의 성인 애착 유형이 굳어지게 됩니다.

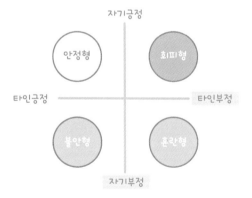

자기긍정

안정형　　　회피형

타인긍정 ──────── 타인부정

불안형　　　혼란형

자기부정

자신과 타인을 모두 긍정적인 시선으로 바라보는
안정형을 제외하고는 모두 불안정 애착에 속해요.

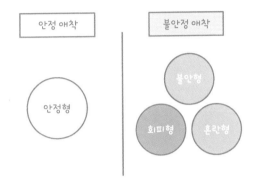

우리는 이 틀을 가지고
연애를 하게 되지요.

그 누구보다 빠르게 정서적, 육체적으로 가까워지는 상대인
연인과 상호 작용을 할 때
각 유형이 가지는 특징이 도드라지게 나타난답니다.

재밌는 사실은, 아이러니하게도
정반대의 애착 유형인 불안형과 회피형이
연인이 될 확률이 높다는 것이에요.

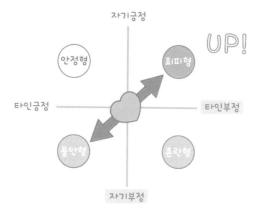

회피형은 자신에게 의존하려는
불안형을 통해 자신의 독립심과 힘을 확인하고,

불안형은 타인 의존적인 자신과는 다르게
쿨하고 독립적으로 보이는 회피형을 동경합니다.
동시에 타인과 가까워지지 않으려 하는
회피형 때문에 애타며 전전긍긍하다가

어쩌다 회피형이 잘해주었을 때
큰 만족감을 얻고 그것을 사랑이라 느끼면서
상대에게 더욱 매달립니다.

이러한 연애는 불안형을 더 심한 불안형으로,
회피형을 더 심한 회피형으로 만들고
서로를 더욱 힘들게 한다고 해요.

혼자만의 시간이
필요하다고 했지?
지긋지긋해 정말!
그만 좀 해!

왜 연락 안 받아?
혼자 내버려 두지 마!
가지 마...

그렇다면 서로에게 힘이 되어 주고
긍정적인 영향을 주고받는 연애는 힘들 수 있겠죠.

하지만 그렇다고 해서 모든 불안정 애착 유형이
행복한 연애를 할 수 없다는 것은 아니랍니다.

서로의 애착 유형을 이해하고
서로 어떤 영향을 주고받는지를 돌아보고
공유하면서 같이 맞추어 나간다면,

그만큼 관계는 더욱더 견고해지고
함께 성장하는 연애로 발전할 수 있으니까요.

♡　연인이 전화를 하고 있습니다. A가 요즈음 계속해서 회사 상
사에게 업무 지적을 받는 상황을 연인 B에게 하소연하고 있습니다.
B는 당연히 A를 사랑하지만, 이런 A가 자신의 개인 시간을 뺏는 것
같아 조금은 부담스럽고 귀찮게 느껴집니다. 이에 A는 자신에게 공
감해 주지 않고 연락을 잘 받지 않는 B가 자신을 사랑하고 있는지
계속 의심하고, 자신에 대한 애정을 확인받고자 합니다.

A　나 오늘 화나는 일 있었어.

B　뭔데?

A　아니 글쎄… 회사에서 상사가…(생략) 내가 얼마나 열심히 했는데
　　그렇게 면박을 줄 일이야? 너무 속상해. 다른 사람들도 이번에는 그
　　사람이 말을 너무 심하게 했다고 하더라. 다들 그렇게 느낄 정도면
　　진짜 심한 거 아니야? 그렇지?

B 음, 요즘 계속 회사 얘기하는 것 같은데. 계속 이력서 쓰고 있다며? 조금만 버텨보자. 어떻게든 해결되겠지.

A 다른 사람들은 다 내 편 들어 주는데, 자기는 왜 맨날 그래? 나 안 사랑해?

B 그런 말이 아니잖아. 어린애같이 맨날 징징거리니까 그렇지. 어른이면 매번 이렇게 나한테 전화할 게 아니라 혼자 참을 줄도 알아야지.

A 뭐? 징징거린다고? 진짜 너무하다. 이럴 거면 나 왜 만나? 어쩐지 연락도 잘 안 받던데. 다 이유가 있었구나? 내가 싫어진 거지?

B 후… 정말 피곤해. 그만하자. 나중에 다시 통화해. (뚝)

예시는 조금 극단적이긴 하지만 이런 대화 패턴은 생각보다 우리 주변에 많이 존재합니다. 서로 다른 애착 유형으로 인해 나타나는 모습이기 때문입니다. '애착'이란 가까운 사람에게 느끼는 강한 정서적 유대입니다. 어린 시절에 형성된 애착 관계는 사람을 바라보는 틀이 되어 주지요. 그래서 서로 다른 애착 유형을 가진 사람끼리 소통할 때 서로 관점이 달라 상대방의 말과 행동을 이해하기 어려워하는 경우가 많습니다. 자세한 설명은 뒤에서 조금 더 다루겠지만 대화의 맥락으로 보아 둘은 연인 사이이지만 서로에게 안정감을 주지 못하는 것 같습니다. 즉 상대방의 '심리적 안전기지'가 되어주지 못하는 상황이라고 말할 수 있겠지요.

'**심리적 안전기지**'란 내가 믿고 의지할 수 있는 심리적 안식처를 의미합니다. 심리적인 안전기지가 잘 확보되었다는 것은 내가 힘들 거나 도움이 필요할 때 의지할 만한 대상에게 언제든지 찾아가 안정 감을 느낄 수 있다는 뜻입니다. 예를 들어 아이가 누군가에게 이유 없는 괴롭힘을 당했을 때 곧바로 부모에게 달려가 위로를 받고 다시 일어서는 것처럼 말입니다. 안전기지가 견고하게 다져진 사람은 세 상과 타인을 경험할 때 큰 불편감을 겪지 않습니다. 하지만 반대로 안전기지를 신뢰하지 못하면 자신과 세상, 타인을 온전히 경험하는 데에 거부감을 가질 수도 있습니다. 아동기에는 부모(보호자)가 주 요 애착 대상이 되며 심리적 안전기지의 역할을 합니다. 그래서 보 호자와의 생애 첫 애착 관계가 잘 형성된다면 심리적 안전기지 역시 견고히 다져질 수 있다고 합니다.

성인기 애착도 애착 대상을 통해서 신뢰를 쌓고 안전기지를 형성 한다는 점에서는 아동기 애착과 유사합니다. 그러나 성인기의 애착 은 부모가 아닌 **연인 혹은 배우자를** 중심으로 나타납니다. 부모로부 터 육체적, 정신적으로 독립하여 주요 애착 대상이었던 부모의 영향 력이 점차 줄어들고, 연인이 새롭게 주요 애착 대상으로 자리 잡는 '**애착 대상의 역전**'이 일어나는 것이지요. 여기서 아동기 애착과 또 다른 점이 있는데, 아동기에는 부모가 아이의 심리적 안전기지의 역 할을 일방향적으로 해주게 됩니다. 그러나 성인기에는 서로 **심리적 안전기지가** 되어 줍니다. 이런 성인 애착 유형은 자신과 타인을 바라보는 관점에 따라 **4가지**로 나누어 볼 수 있습니다. 여기서의 관점은 긍정과 부정 2가지로, '긍정'은 자신 혹은 타인을 긍정적으로 생각하며 믿음을 지니는 것이고, '부정'은 자신 혹은 타인을 부정적으로 생각하며 신뢰롭지 못하다고 느끼는 것으로 말할 수 있습니다.

우리는 이렇게 자신과 타인을 바라보는 시선을 가지고 연애를 하게 됩니다. 하지만 서로 바라보는 시선이 다르다면 같은 말과 행동을 하더라도 오해가 생기거나 서로의 마음을 모른 채 갈등의 골만 깊어져 갈 수도 있습니다. 앞에서의 연인 A, B의 대화처럼 말입니다. 다음 장에 나오는 표의 설명을 토대로 A는 불안형, B는 회피형으로 유추할 수 있겠지요. 문제는 이렇게 다른 특성을 잘 이해하지 못한다면 연인에게 안전기지로서의 역할을 제대로 하지 못 할 수도 있다는 것입니다. 앞서 말씀드렸듯, **심리적 안전기지**는 내가 언제든 찾아가 믿고 의지할 수 있는 심리적인 안식처입니다. 이런 심리적 안전기지의 역할을 서로가 잘 해준다면 평소에는 나만이 알고 있는 휴식처처럼 편안함과 따뜻함을 느끼며 재충전하기도 하고, 힘든 일이 있을 때에는 안전기지에 기대어 다시금 일어설 수 있는 힘을 얻기도 합니다. 하지만 반대로 심리적 안전기지가 제 역할을 하지 못한다면, 오히려 큰 불편감을 경험할 수 있습니다.

자기긍정

안정형

함께 있어도 좋지만
혼자 있어도 나쁘진 않아.

- 가장 이상적인 유형으로 혼자 있어도 편안함을 느끼며, 다른 사람과의 관계에서도 편안함을 느끼는 유형.
- 쉽게 불안해하거나 회피하지 않는다.
- 다른 사람에게 크게 기대하거나 실망하지 않는다.
- 자신의 감정을 거짓 없이 진솔하게 표현할 수 있다.

회피형

일정 거리를
유지해 줘.

- 독립성을 매우 중요하게 여기며 감정 표현을 어려워한다.
- 상대방이 가까워지려 하면 무의식적으로 멀어지고자 하는 마음이 생긴다.
- 문제가 생길 경우 문제를 만든 상대를 외면하고 회피한다.
- 본인이 남에게 의지하는 것도 불편하고, 남이 자신에게 의지하는 것도 불편하다.
- 타인에게 상처받느니 멀어지는 편이 더 낫다는 마음이 크다.

타인긍정 ———————————————————— **타인부정**

불안형

내 마음을
말하지 않아도 알아줘.

- 외로움을 참지 못하고 타인과 빨리 가까워지려 한다.
- 상대방의 말과 행동에 예민하게 반응하며 버림받을까 하는 두려움이 크다.
- 상대방이 자신을 얼마나 아끼고 사랑하는지 확인하고 시험하고 싶어 하며 때때로 질투 혹은 감정적 도발을 일으키기도 한다.
- 과도하게 의존하려 하고, 받아들여지지 않을 경우 상대에게 매우 실망하고 자신과 타인을 비난한다.

혼란형

너랑 가까워지고 싶어.
그렇지만 너무 깊게 알려고 하지 마.

- 불안형과 회피형의 특성을 모두 가지고 있다.
- 타인과 가까워지고 싶은 욕구는 있으나, 너무 가까워지면 자신의 진짜 모습을 알고 상대가 떠날까 하는 두려움이 있다.
- 갈등 상황에서 자신을 과도하게 방어하려는 모습을 보인다.

자기부정

그렇다고 해서 모든 불안정 애착 유형이 항상 안 좋은 결과를 맞이하는 것은 아니니 안심하시길 바랍니다. 안정 애착만이 안전기지의 역할을 할 수 있는 것은 아니며 회피형과 불안형, 혼란형처럼 불안정 애착이라 할지라도 상대에게 안전기지의 역할을 충분히 할 수 있습니다. 물론 애착 유형은 정말 중요하지만 그보다 더 중요한 것은 서로에게 든든한 심리적 안전기지가 되어주기 위해 노력하려는 강한 의지이지 않을까 싶습니다. 마치 처음에는 뜻을 알기 어려웠던 다른 나라의 언어도 관심을 가지고 조금씩 익히면 이해하고 소통할 수 있게 되듯이요. 내가 가진 애착 유형의 특성으로 인해서 나는 관계에서 어떠한 불편함을 겪고, 상대에게 어떠한 불편감을 주는지 이해하고 서로가 부족한 부분을 채우기 위해 노력한다면 소중한 연인에게 **충분히 든든한 심리적 안전기지가 될 수 있습니다.**

불안정 애착 유형이
서로에게 안전기지가 되어주기 위해
필요한 노력

회피형 애착

1. 가까운 사람과 부담스럽지 않은 선에서 대화를 시도하기

회피형 애착은 상대가 자신에게 감정을 표현하는 것을 부담스러워
하고, 자신 또한 상대에게 감정이나 의견을 표현하기를 꺼리는 경향
이 있습니다. 이는 상대방의 감정에 무뎌지게 만들 뿐 아니라 중요
한 사람과의 갈등 상황을 더욱 악화시킬 우려가 있습니다. 때문에
우선 시시콜콜한 가벼운 대화를 나누며 부담되지 않는 선에서 친밀
감을 쌓으려는 노력을 하는 것이 좋습니다.

2. 상대에게서 무작정 멀어지지 말기

회피형 애착은 혼자만의 시간이 필요할 때 갑자기 잠적하거나 연락의 빈도가 줄기도 하는데 그런 행동은 상대방에게 불안함을 줄 수 있습니다. 혼자만의 시간이 필요하다는 것을 설명하고, 잠시 혼자 있을 시간을 함께 정해보는 것도 좋습니다. 상대가 충분히 이해할 수 있도록 소통하고 이해해 줘서 고맙다는 말도 전해 봅시다.

3. 회피가 문제 해결이 아님을 인정하기

회피형은 갈등 자체를 피하려고 할 수 있습니다. 회피 전략을 사용해 자신의 자존심을 보호하는 것이지요. 하지만 이는 문제가 보이지 않게 덮어두는 것에 불과합니다. 내가 맺고 있는 관계이니만큼, 책임감을 가지고 같이 문제를 해결해 나가려는 노력을 해야 합니다. 문제를 회피하고 싶은 마음이 들 때 그런 마음에 대해 함께 이야기를 나눠보는 것도 좋습니다.

회피형 애착의 연인과 잘 지내려면

회피형의 독립심을 어느 정도 이해하고 존중하며 회피형의 '선'을 과도하게 침범하지 않도록 주의해야 합니다. 그리고 회피형 연인에게 바라는 것이 있을 때에는 돌려 말하기보다는 원하는 바를 분명하게 직접적으로 말하는 것이 도움이 됩니다. 이들을 대할 때 명심할 키워드는 '자율성'과 '존중'입니다.

불안형 애착

1. 타인의 마음과 감정을 나와 분리하기

불안형 애착은 타인에게 굉장히 기대가 많은 유형입니다. 자신의 감정을 타인이 느껴주기를 원하며, 반대로 상대에게 과하게 몰입해 타인의 감정을 자신의 것처럼 느끼기도 합니다. 하지만 상대방과 나는 전혀 다른 사람이라는 것을 명심해야 합니다. 상대방의 마음이 내 마음과 같지 않을 수도 있음을 받아들이고, 자신의 마음 또한 타인의 마음과 다를 수 있음을 인지해야 합니다.

2. 내 행동의 이유 생각하기

불안형은 상대방에게 지나칠 정도로 맞추거나 착하게 보이려고 합니다. 그리고 상대방이 자신이 원하는 반응을 보이지 않으면 상대에게 실망합니다. 그런 행동이 진정으로 상대방을 위해서라기보다는, 자신이 그대로 되돌려받기를 바라는 마음에서 나온 것이기 때문입니다. 따라서 자신의 배려가 정말 상대방을 위한 것인지 생각해 보고, 상대방의 반응이 자신의 기대에 미치지 못하더라도 이해할 수 있어야 합니다.

3. 솔직하게, 그리고 적당히 표현하기

앞서 말씀드렸듯 불안형에게는 말하지 않아도 자신의 마음을 상대방이 알아주길 바라는 마음이 있습니다. 그렇지만 나와 타인은 다른 사람이기에 내가 명확하게 말하지 않으면 상대방은 나의 마음을 제대로 알아차리지 못합니다. 원하는 말과 행동이 있다면 "~해주면 좋겠어."라고 솔직하게 말해봅시다. 물론 이런 방법 역시 너무 자주 사용하게 되면 상대를 지치게 할 수도 있기 때문에 정말 필요할 때만 하는 것이 좋습니다.

불안형 애착의 연인과 잘 지내려면

불안형 애착과 잘 지내려면 꾸준히 안정감을 주어야 합니다. 연락을 예로 들면 불규칙적인 것보다는 비슷한 상황과 시간대에 일관성 있게 연락하는 것이 좋습니다. 약속 또한 지킬 수 있는 것만 최소한으로 해서 꼭 지키는 것이 중요합니다. 그리고 불안형은 무엇보다 자신의 마음을 위로하고 공감해 주기를 원할 수 있습니다. 때문에 불안형이 고민을 털어놓으면 조언부터 하는 것보다 가만히 들어 주며 맞장구를 치고 격려해 주는 것이 도움이 됩니다. 이들을 대할 때 명심할 키워드는 '공감'과 '신뢰'입니다.

혼란형 애착

1. '그럴 수 있지!'라고 생각하기

혼란형은 용어 그대로 혼란함을 느낄 수 있습니다. 왜냐하면 타인과 가깝게 지내고 싶으면서도 필요 이상으로 다가오면 부담스러움을 느끼기 때문입니다. 타인이 좋으면서도 싫기 때문에 혼란함을 느끼는 것입니다. 이런 혼란스러움이 느껴질 때 '당연히 그럴 수 있지' 하고 대수롭지 않게 여기는 것도 좋습니다.

2. 자신이 보여줄 수 있는 부분과 보여줄 수 없는 부분 알기

혼란형은 회피형과 다르게 타인과 가까워지고 싶은 욕구는 있습니다. 그러나 기본적으로 자신감이 매우 낮은 편이기에 가까워진 상대가 자신의 안 좋은 모습을 보고 떠날까 봐 걱정합니다. 상대와 가까워지고 싶어서 솔직한 모습을 보여줬다가도, 혼자 있는 시간에 '역시 괜히 말했다.'라고 생각하며 혼자 속앓이를 할 수 있습니다.

자신이 생각하기에 어떤 부분이 자신이 없는지 들여다보아야 합니다. 어느 부분까지 상대방과 공유할 것인지 고민하고 자신이 정한 부분 이상은 드러내지 않으면서 관계에 대한 어려움을 이겨내는 것이 중요합니다.

3. 상담자와 같은 안전한 대상과 애착 형성하기

혼란형은 자신에 대한 이해가 부족할 수 있기 때문에 보다 안전한 공간에서 자신을 이해해 가면 좋습니다. 상담자에게 자신의 성격을 설명하고 이해받는 경험을 해보는 것입니다. 상담은 기존에 형성했던 인간관계의 틀을 재구성할 수 있는 방법이기도 합니다. 물론 상담을 받는다고 해서 반드시 안정형 애착이 된다는 것은 아니지만 혼란스러운 마음을 이해받고, 상처받은 마음을 스스로 돌볼 수 있게 된다면 점차 긍정적으로 변화할 수 있을 것입니다.

혼란형 애착의 연인과 잘 지내려면

혼란형 애착은 자존감이 낮은 경우가 많고, 자신에 대한 긍정적인 이해가 부족할 수 있습니다. 그래서 혼란형 애착에게는 긍정적인 피드백이 매우 중요합니다. 어떠한 행동을 했을 때 '이거 좋았어, 잘한다'처럼 칭찬을 해주는 것입니다. 혼란형은 부정적인 피드백을 받게 되면 숨어버릴 수 있기에 부정적 피드백은 충분한 신뢰를 쌓고 그들이 진정으로 원할 때에만 하는 것이 좋습니다. 또한 혼란형 애착에게 너무 많은 질문을 한꺼번에 하는 것 역시 인간관계에 두려움을 갖게 만들 수 있습니다. 따라서 그들과 가까워지고자 한다면 시간을 가지고 천천히 서로를 이해해 나가는 것이 가장 좋은 방법이라고 할 수 있겠습니다. 이들을 대할 때 명심해야 할 키워드는 '이해'와 '배려'입니다.

10

사랑에도 유형이 있다?!
너와 나의 사랑 유형은?

사랑의 삼각형

사랑은 정말 다양한 것 같아요.

어떤 이들의 사랑은 쉽게 뜨거워졌다가
또 쉽게 식고

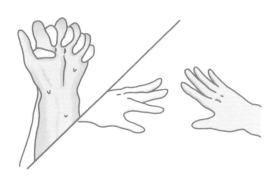

어떤 이들의 사랑은 편안한 친구 같고

또 어떤 이들의 사랑은
'정말 사랑하긴 할까?' 싶을 정도로
비즈니스처럼 느껴지기도 하고요.

로맨스 영화를 보면
내가 꿈꾸는 완벽한 사랑이 존재하나 싶으면서도

현실은 사랑을 이어가는 것조차 쉽지 않죠.

정말 오랫동안, 사랑이라는 같은 이름 아래
왜 저마다 다른 사랑을 하는지,
또 왜 이리 사랑은 어려운지 항상 궁금했어요.

그건 사랑이 단 하나의 요소가 아닌,
3가지 요소로 이루어져 있기
때문이라는 것을 알게 됐답니다.

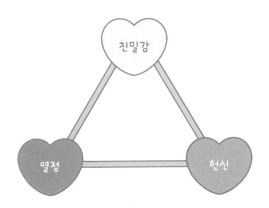

이를 '사랑의 삼각형' 이론이라고 하는데요,
3가지 요소들이 어떻게 결합하는지에 따라
사랑의 유형이 나뉜다고 해요.

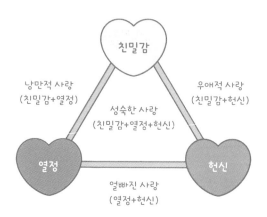

그렇게 사랑에는 총 8가지 유형이 존재한다고 합니다.

1. 성숙한 사랑

2. 낭만적 사랑

3. 우애적 사랑

4. 얼빠진 사랑

5. 좋아함

6. 도취성 사랑

7. 공허한 사랑

8. 비사랑

'사랑의 삼각형' 이론은
심리학자 로버트 스턴버그에 의해 제시되었는데요,
사랑을 분석했다는 점에서 큰 센세이션으로 다가왔죠.

로버트 스턴버그
Robert J. sternberg

우리도 함께 스턴버그가 말한 각 요소들의 의미를 알아본 뒤
나는 어떤 사랑을 원하고,
지금 어떤 사랑을 하고 있는지 분석해 볼까요?

가보자고!

♥ 3가지 요소의 역할들

1. 친밀감

친밀감은 정서적인 측면으로, 가까운 관계 속에서 상대방과 연결되는 따뜻한 느낌을 갖는 것입니다. 상대방과 정서적인 지지를 주고받고, 행복을 나누며, 서로에 대한 이해를 바탕으로 의사소통하는 것을 의미합니다.

2. 열정

열정은 상대방에게 이끌리는 것으로, 주로 성적 욕구나 강렬한 정신 적·신체적 욕망 등을 대표적인 예로 들 수 있습니다. 성적 욕구뿐 아 니라 자아실현 욕구, 타인에 대한 지배/복종 욕구, 자기 존중 욕구 등도 열정에 영향을 미친다고 합니다.

3. 헌신

헌신은 단기적인 것과 장기적인 것으로 나눌 수 있습니다. 단기 적인 헌신은 '결정'이라고도 하는데, 말 그대로 상대방을 사랑하기

로 결정하는 것을 말합니다. 더 나아가 장기적인 헌신은 '지속'을 의미합니다. 상대방에 대한 사랑과 관계를 지속하고 책임을 다하겠다는 의지를 뜻합니다.

사랑의 유형

1. 성숙한 사랑 (친밀감 + 열정 + 헌신)

3가지 요소를 모두 충족시킨 사랑입니다. 거의 모든 사람들이 꿈꾸는 가장 이상적인 사랑이라고 할 수 있지요. 그만큼 도달하기도 어려울뿐더러, 유지하는 것 또한 어려운 유형이랍니다. 그 이유는 초반에 상대방에게 느꼈던 강렬한 열정이 시간이 지나면 점점 식어서 친밀감과 헌신으로 이루어진 우애적 사랑으로 변하는 경우가 많기 때문입니다.

2. 낭만적 사랑 (친밀감 + 열정)

서로에게 매력을 느끼고 육체적, 정서적으로 가깝지만 헌신이 빠진 사랑입니다. 불처럼 활활 타오르는 뜨거운 사랑이지요. 이러한 사랑을 하고 있는 커플들은 관계를 지속하려는 의지가 부족한 경우가 많습니다. 관계를 단순하게 생각하는 경우가 많고, 관계를 이어가는 데에는 '헌신'이 필요하다는 것을 아예 모르기도 하기 때문이지요.

나의 연애가 오래가지 못한다면 나 혹은 상대방에게 헌신의 요소가 부족한 것은 아닌지 생각해 봐야 합니다. 그렇다고 해서 모든 낭만적 사랑의 관계가 빨리 끝나냐고 묻는다면 꼭 그렇지도 않습니다. 관계가 점점 무르익고 헌신의 요소가 자리 잡기 시작한다면 충분히 다른 유형의 사랑으로 변화될 수도 있습니다.

3. 우애적 사랑 (친밀감 + 헌신)

우애적 사랑을 설명하기에 '친구 같은 연인'보다 더 좋은 말은 없을 것 같습니다. 주로 오래된 연인이나 중·노년 부부에게 나타나는 유형이랍니다. 초반의 열정과 큰 설렘은 사라졌지만, 정이 깊이 들고 상대방을 존중할 수 있는 단계로 나아간 것입니다. 이런 우애적 사랑에 대한 인식은 사람마다 다르게 나타납니다. 친구같이 편안하고 정서적으로 깊은 관계를 추구해서 우애적 사랑에 만족하는 사람이 있는 반면, 연인 관계에 있어 성적 매력을 중요시하는 사람은 우애적 사랑에 만족하지 못할 수도 있습니다.

4. 얼빠진 사랑 (열정 + 헌신)

드라마나 영화에서 재벌가 사람들이 급속도로 맺어지는 경우를 보셨을 겁니다. 할리우드에서도 빠르게 결혼하고 이혼하기를 반복하는 모습을 종종 볼 수 있지요. 그래서 이 '얼빠진 사랑'을 다른 말로

'할리우드 사랑'이라고 부르기도 한답니다. 이 사랑 유형은 열정과 헌신으로 이루어집니다. 그런데 이 헌신의 깊이는 깊지 않습니다. 친밀감을 토대로 해야 장기적인 헌신으로의 발전이 가능한데, 친밀감 대신 커다란 열정으로 관계가 형성되었기 때문입니다. 쉬운 예로 조건을 보고 연애나 결혼을 하는 장면을 떠올릴 수 있습니다. 훌륭한 외모, 엄청난 재력 등 간절히 원하는 무언가가 상대방에게 있어서 '그 사람과 결혼해야지!' 하고 단기적인 헌신을 하게 됩니다. 물론 그 과정에서 친밀감이 생기면 나행이지만 그렇지 않은 상태로 관계를 이어가게 된다면 열정이 사라질 때쯤 상대방에게 실망하기 시작합니다. 열정마저 사라지면 남는 것이 없어 상대방에게 '속았다'고 생각하게 되는 것이죠.

5. 좋아함 (친밀감만 있는 경우)

주로 친구들, 혹은 친한 사람들과의 관계 속에서 경험하게 됩니다. 정서적으로 연결되는 느낌을 받으며 가깝다고 느끼지만 이성적 욕망은 없을 때를 말합니다. 이러한 친밀감은 상대방에 대한 관심과 따뜻한 호의 등으로 표현됩니다.

6. 도취성 사랑 (열정만 있는 경우)

매력적인 사람을 보면 '내 이상형이야!'와 같이 무언가에 홀린 것 같은 느낌이 들지 않나요? 심지어 그 사람과 친밀감이 싹트지 않은 상태인데도 말입니다. 이처럼 '첫눈에 반했다'라는 말이 가장 어울리는 사랑입니다. 하지만 친밀감과 헌신 없이 강한 열정으로만 이루어져 있기 때문에 상대를 지나치게 이상화해서 상대방을 있는 그대로 볼 수 없는 오류를 범하게 만들기도 합니다.

7. 공허한 사랑 (헌신만 있는 경우)

친밀감과 열정이 없는데도 상대를 사랑하겠다고 결심하는 헌신만 남은 사랑입니다. 주로 오래된 관계가 끝날 때쯤이나 여러 상황과 조건 때문에 어쩔 수 없이 관계를 지속해야 할 때에 나타납니다.

8. 비사랑 (3가지 요소가 모두 없는 경우)

상대방에게 별로 관심이 없어 사랑이라고 할 수 없는 경우로, 사회생활 혹은 직장에서의 관계 속에서 많이 나타납니다.

보통 사랑이라고 하면 가슴이 뛰는 것이라고만 생각하는데, 스턴버그의 사랑의 삼각형 이론은 누군가를 위해 헌신하고, 책임을 지고, 그 사람과 함께하고자 하는 것 또한 사랑임을 일깨웁니다. 동시에 사랑에는 다양한 유형이 있고, 모두가 다 같은 연애를 하고 있는 것도 아니라는 점도 느끼게 합니다. 결국 '연애'를 하고 있다는 그 자체보다는, '**어떤 사랑**'을 하고 있는지가 내 연애의 만족과 질을 좌우하는 것이지요.

그럼 이제 스스로에게 질문할 시간입니다. '**나는 어떤 사랑을 하고 싶은지**', 그리고 '**지금 내가 하고 있는 사랑의 유형은 무엇인지**' 말입니다. 그다음 둘을 비교해 봅시다. 꿈꾸고 있는 사랑과 지금 하고 있는 사랑이 비슷한가요? 다르다면 어떤 요소가 부족한가요? 물론 정답은 없습니다. 누군가 성숙한 사랑을 원한다면, 다른 누군가는 낭만적 사랑을, 또 누군가는 우애적 사랑을 원할 수도 있을 테니까요. 하지만 내가 원하는 이상적인 사랑을 꿈꾸기만 하고 자신을 돌아보지 않는다면, 이상향만 높아지고 그와 괴리되는 자신의 모습을 탓하게 되기 마련입니다. 그래서 내가 추구하는 사랑을 하기 위해서 어떤 요소를 채워야 하는지 성찰할 필요가 있습니다.

WORK SHEET

내 사랑의 삼각형은 어떤 모습일까?

현실 삼각형 VS 이상 삼각형

1. 각 사랑의 요소별로 내가 느끼는 정도에 점을 찍고, 점끼리 이어서 삼각
   형을 만들어 보세요.

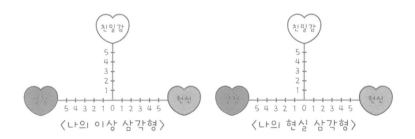

2. 우리의 사랑에서 부족한 요소를 채워 봅시다.

친밀감을 채우려면?

예) 대화 많이 나누기, 함께 취미 생활 하기, 서로에게 좋은 점 칭찬해 주기

....

열정을 채우려면?

예) 자기관리 하기(외모, 옷차림, 헤어스타일 등), 자기계발 하기(독서, 지식 쌓기 등), 상
대방에게 열정을 느끼는 포인트를 물어보고 그에 따른 노력하기

....

헌신을 채우려면?

예) 함께 미래를 계획하기, 커플링 맞추기

....

사랑을 시작하려는 솔로들을 위한 심리 효과

1. 상대방의 호감을 얻고 싶다면, 단순 노출 효과를 사용하자!

하지 말라는 사내 연애, CC. 하게 되는 이유가 뭘까요? 혹시 일상에
서 자주 만나는 상대에게 자연스레 호감이 생기는 경우가 있지는 않
았나요? 바로 '단순 노출 효과'의 힘일 가능성이 높답니다. 단순 노

출 효과는 어떤 대상이 노출되는 횟수가 증가하는 것만으로 그 대상에게 호감이 상승하는 효과를 말하는데, 피츠버그 대학교에서 이를 증명한 실험이 있습니다.

연구진은 매력도가 비슷한 4명의 여성을 선정하여 한 학기 동안 각자 0, 5, 10, 15회를 출석하게 했습니다. 그리고 학기가 끝난 뒤, 같은 강의실에서 수업을 들은 학생들에게 4명의 여성의 사진을 보여주고 매력도를 평가하게 했죠. 놀랍게도 15회 출석한 여성의 매력도가 가장 높았다고 합니다.

만약 당신에게 호감이 가는 누군가가 있다면 그 사람의 눈에 자주 뜨일 수 있는 기회를 찾아보는 것은 어떨까요? 서로 안면이 있는 사이라면 상대방이 부담을 느끼지 않는 선에서 자주 약속을 잡아보는 것도 좋을 것 같습니다.

이때 주의해야 할 것이 있는데요, 상대가 이미 나에게 부정적인 감정을 가지고 있으면 단순 노출 효과가 소용 없답니다. 오히려 부정적인 감정이 더욱 커질 수도 있지요. 때문에 이 효과를 무작정 사용하기보다 먼저 상대방이 나를 어떻게 생각하는지 검토한 후에 사용하는 것이 좋겠습니다.

2. 초두 효과와 최신 효과를 적절하게 사용하자!

어떤 대상에 대한 인상은 '처음과 끝'을 중심으로 남는다고 하지요. 사람 역시 마찬가지입니다. 바람직한 태도는 아니지만 우리는 자신도 모르게 첫인상만으로 상대를 파악하곤 합니다. 이것을 '초두 효과'라고 하지요. 물론 첫인상과 다른 모습에서도 매력을 느끼게 될 수 있지만 이는 서로를 잘 알고 나서의 일이기 때문에 처음 만나는 상대에게는 초두 효과의 힘이 강력하게 작용합니다. 그러니 만약 소개팅이 있다면 내가 상대에게 보이고 싶은 이미지 혹은 상대가 추구하는 스타일에 맞춰서 입고 가는 것이 좋습니다.

초두 효과와는 반대로 '최신효과'는 그 이름처럼 제일 최근의 것, 마지막의 일이 기억에 잘 남는다는 효과입니다. 처음 만나는 사이에서는 초두 효과가 더 크게 작용하지만 계속 보게 될 사람에게는 최신 효과의 비중이 점점 커진다고 합니다. 소개팅에서 만난 상대가 마음에 들었다면 첫 만남을 마무리하기 전에 상대방에게 재밌었다는 표현을 해보는 것은 어떨까요? 그날의 만남에 대해 긍정적인 감정을 갖도록 하는 것이지요.

두 효과를 적절하게 사용하려면 초두 효과는 외적인 이미지와 호감을 가질 만한 행동에 초점을 두고, 최신 효과는 상대방으로 하여금 '오늘 만남이 좋았다.'라는 생각이 들 수 있게 긍정적인 메시지를 던지는 데에 초점을 두면 좋습니다.

11

우리의 관계를 위해,
성숙하고 현명하게 공감하는 법

공감

대학교 전공 시간에 '공감이란 무엇인가?'라는
주제로 수업을 들은 적이 있어요.

'공감'이란 무엇인가?

그중 공감이란 '그 사람의 신발을 신어 보는 것'
이라는 표현이 인상적이었는데요,

처음엔 공감과 신발이 무슨 상관이지 싶었어요.
하지만 신발이 지닌 의미를 듣고 나니
점차 이해가 되면서 큰 깨달음을 얻게 되더군요.

무슨 소리람?

먼저 여기서의 '신발'은
개인의 삶, 생각, 가치관 등을 의미해요.
우리는 삶 속에서 다양한 경험을 하고,
그로 인해 다양한 생각과 가치관을 갖게 되지요.

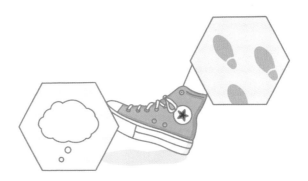

신발마다 모양과 사이즈가 다양하고,
걸어온 길과 낡음의 정도가 다른 것처럼요.

우리는 모두 자신만의 신발을
한 켤레씩 가지고 있답니다.
신발들은 비슷할지언정 같을 수는 없어요.

공감을 '그 사람의 신발을 신어보는 것'이라고 표현하는 이유는
상대의 신발에 나의 발을 맞춰 보기 때문이에요.

어떤 신발은 나에게 크고, 어떤 신발은 작고,
또 어떤 신발은 낡게 느껴지기도 하겠지만

사이즈가···.

어라?

그 신발을 온전히 느끼다 보면
어느새 그 사람의 입장에 서 있게 됩니다.

즉, 내 것을 잠시 내려놓고
그 사람의 입장을 느껴 보는 것이에요.

상대가 걸어 온 발자국을 잠시나마 느껴보는 것.
그것이 공감이 아닐까 싶습니다.

이제는 공감을 잘 해준 사람에게
이렇게 말해보면 어떨까요?
"내 신발을 신어주었구나!"라고 말이에요.

★　'공감'은 우리가 인간관계를 맺고 사랑하는 사람들과 교류하기 위해 필수적입니다. 산소가 있어야 숨을 쉬듯, 대화에는 공감이 있어야 숨이 트이지요.

그런데 공감이 무엇인지 추상적으로 느껴지기도 하고 사람마다 요구하는 정도가 달라서 혼란스럽기도 합니다. 어떤 사람은 무조건 자신의 편을 드는 것을 공감이라고 생각하고, 또 어떤 사람은 함께 눈물을 흘려주는 것을 공감이라고 생각합니다. 하지만 이 모두는 공감의 정의라고 할 수 없습니다. 공감은 겉으로 표현되는 것보다 우선해서 이루어져야 하는 것입니다. **공감은 상대방에 대한 깊은 이해입니다. 그렇기 때문에 공감은 결과가 아닌 과정이라고 할 수 있습니다.** 위로를 하거나 해결 방법을 제시하는 것은 판단 기능에 따른 공감 표현 방식의 차이라고 말할 수 있을 것 같습니다. 그래서 공감을 잘하고 있는지를 따져 보려면 공감 방식을 분석하기보다도 상대방에 대한 깊은 이해를 했는지를 생각해 봐야 합니다.

만화에서 공감이란 '다른 사람의 신발을 신어 보는 것'이라고 비유해서 말했습니다. 그렇다면 신발을 신어 보면 그것으로 끝인 걸까요? 사실은 공감을 할 때 유념해야 할 점이 있답니다.

공감을 할 때 생각해야 할 것

자, 지금부터는 제가 말하는 대로 상상해 보세요. 먼저 다른 사람의 신발을 신어 보기 위해 나의 신발을 벗을 겁니다. 그다음, 나의 신발은 잠깐 옆에 놔두고 다른 사람의 신발을 신어봅니다. 마지막으로 그 신발의 온기는 어떤지, 어떠한 발자취로 여기까지 걸어왔을지 상상해 보세요.

잘 따라오셨습니다! 그럼 질문 하나 드리겠습니다. 다른 사람의 신발을 신어 본 다음에는 어떻게 하실 건가요?

다른 사람의 신발을 계속 신고 있을 건가요? 아니면 옆에 놔두었던 나의 신발로 돌아갈 건가요? 당연히 남의 신발은 벗고 다시 내 신발로 돌아간다고 하겠지요. 공감도 마찬가지랍니다. 상대의 마음을 온전히 느껴보고 나서는 다시 나의 마음으로 돌아와서 생각할 수 있어야 합니다. 상대의 상황과 마음을 마치 내 것처럼 느끼지만, 동시에 그것은 내 것이 아님을 분명히 인지해야 하는 것이지요. 상대방이 경험하고 있는 내면의 어려움과 외로움, 억울함, 화와 같은 감정들로부터 나를 보호하기 위해서이기도 하지만, 무엇보다도 그렇게 해야 상대방에게 도움이 되기 때문입니다. 상대방의 어려움도 내 것으로 받아들이게 된다면 나 또한 객관적인 시야를 잃게 될 수 있습니다. 그러면 더 이상 공감이 아닌 몰입이 되겠지요. 상대방에게 도움을 주려면 상대방의 주관적인 세계를 이해하면서도 객관적인 자세를 지녀야 합니다. 이때 도움은 현실적인 해결책뿐만 아니라 위로와 용기가 될 수도 있겠지요. 그렇지만 **무엇보다도 그 사람을 위하고 회복되기를 바라며, 진심으로 잘되었으면 하는 마음으로 과정에 동참하는 것이 진정한 공감이지 않을까 싶습니다.**

하지만 때로는 우리가 상대방을 이해하는 깊은 마음이 잘 전해지지 않기도 합니다. 상대방을 위하는 마음이 충분히 표현되지 않으면 '내 마음을 몰라준다'는 오해가 생기기도 하지요. 그래서 공감을 하는 것만큼 진심을 충분히 전달하는 것 역시 중요한 것 같습니다.

그렇다면 공감하는 마음을 어떻게 표현하면 좋을까요? 첫 번째로는 상대방의 말을 집중해서 듣는 경청의 태도를 보이는 것입니다. 언어적 표현뿐만 아니라 눈을 맞추고, 고개를 끄덕이는 것 또한 경청이라고 할 수 있습니다. 때로는 좋은 말을 건네는 것보다 경청하려는 태도 자체가 큰 위로가 되기도 합니다. 경청은 상대방을 이해하려는 노력을 보여주는 기본적이고도 중요한 태도입니다.

다음은 '반영하기'입니다. '빛이 반사하여 비치다'라는 단어의 사전적 의미처럼 내가 상대방의 거울이 되어 상대방의 마음을 보여주는 것을 의미합니다. 그러나 거울이라고 해서, 상대방의 말을 똑같이 따라하라는 것은 아닙니다. 상대방의 표정, 자세, 목소리, 이야기 등을 토대로 상대방이 **지금 이 순간 어떻게 느끼고 있을지** 이해한 것을 바탕으로 전달해 주는 것입니다. 이 같은 이해가 선행된다면 단순히 상대방의 말 이상으로 다양한 것이 보이기 시작합니다. 상대방이 침울한 목소리로 "오래 사귄 애인과 안 좋게 끝나서 **힘들어.**"라고 말한다면, "그러게. 오랜 시간을 함께한 만큼 **공허함도 크고, 마음이 편치 않을 것 같아.**"라고 말할 수 있겠습니다. 이처럼 반영은 때로는 상대방이 감정을 직접 표현하지 않아도, 상대가 느낄 수 있는 감정을 대신해서 표현해 주는 것입니다. 이때 비유를 들거나 신체적인 느낌을 사용해서 전달하는 것도 좋은 방법입니다. "네 이야기를 들으니 나도 손발이 덜덜 떨리는 것 같아.", "배우자한테 최선을 다하려고 노력했는데 상황이 전혀 변하질 않아서 밑 빠진 독에 물을 붓는 것 같이 느껴지겠구나."처럼 표현할 수 있겠지요. 하지만 무엇보다도 내가 그 사람의 마음과 입장을 잘 이해하고 있는지를 우선적으로 살펴보면 좋겠습니다.

상대방의 입장에 공감하기 어려울 때

앞서 말했듯 각자의 삶은 다양하고 성격이나 가치관, 생각도 모두 다릅니다. 그래서 어떤 신발은 내가 열심히 발을 집어넣으려고 해도 잘 들어가지 않을 때가 있습니다. 이럴 때 억지로 공감하려다 보면 역효과가 나기도 합니다. 맞지 않는 신발에 계속해서 발을 넣으려고 한다면 신발은 뜯어지고 발도 아플 것입니다. 공감을 하려는 사람과 받는 사람 모두에게 상처가 될 수도 있는 것이지요. 그럴 땐 그냥 나의 마음을 솔직하게 표현하는 것이 좋습니다. 이렇게 나의 마음을 뒤로하거나 거짓되게 표현하지 않는 것을 '**진실성**'이라고 합니다. 간혹 솔직한 표현으로 "난 공감 안 되는데?", "난 모르겠다."와 같은 말들을 생각할 수 있을 것 같은데, 단순히 사실을 말하는 것은 진실성이라고 할 수 없습니다. 일방적으로 내 입장을 전하는 것은 진실성이 아니라 그저 공감하지 않으려는 태도일 수 있습니다. **진실성 역시도 상대방을 위하고 상대방과 함께 하려는 마음이 선행되어야 합니다.** 자신의 마음을 진솔하게 보여주되, 상대방의 속도에 맞춰서 상처가 되지 않게 표현하는 것이지요.

'그 일을 겪는 네가 어떤 심정인지 상상조차 할 수 없을 것 같아.'

'너의 마음을 온전히 이해하기는 어렵지만, 얼마나 힘들었을까.'

'내가 이해하는 것보다 직접 겪는 네가 훨씬 힘들 것 같아.'

'사실 나는 너와 다른 삶을 살아서 완전히 공감하기 어렵지만 너의 마음을 느껴보려고 최선을 다할게.'

12

의사소통은 서로에게
어떤 영향을 줄까?

의사소통

흔히 인간관계에서 중요하다고 생각되는 것의 예로
성격이나 가치관, 연락 등을 들 수 있겠지만,
이것 말고도 중요한 게 또 있어요.

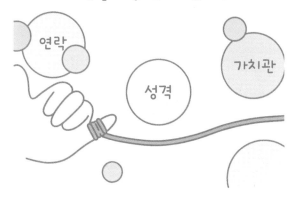

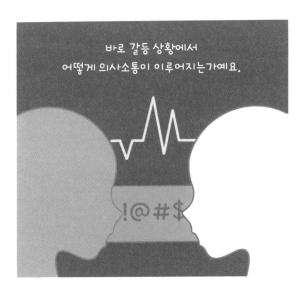

아무리 성격과 마음이 잘 맞는 사람이라 해도
갈등이 생겼을 때 의사소통 방식에 차이가 있다면
오해가 쌓이기 쉽습니다.

작은 오해라도 그것을 해결해 가는 과정에서
서로의 차이점을 이해하지 못한다면 큰 갈등으로 번져서

이런 상황이 일어나기를 원하지 않는다면
현재 내가 어떤 방식으로 의사소통하고 있는지
우선적으로 아는 것이 중요하답니다.

그리고 나와 상대방의 차이도 받아들여야 하죠.

좋은 인간관계를 이어가기 위해서
마음이 잘 맞는 것도 물론 중요하겠지만,
더 나아가 서로의 차이점을 이해하고
갈등을 현명하게 풀어나가는 것도 중요하니까요!

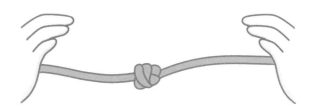

만일 우리가 서로의 차이점을 인정하고
서로를 위해 노력한다면,
갈등은 보다 줄어들고

인간관계가 더욱 풍요로워져서
삶이 즐겁고 다채로워질 거예요!

🍀 '좋은 의사소통'이란 과연 무엇일까요? 가족 치료의 어머니라고 불리는 미국의 심리학자 버지니아 사티어^{Virginia Satir}는 우리의 **자존감**에 관해 먼저 이야기합니다. 자존감은 **자신, 타인, 상황**의 3가지 요소로 이루어져 있는데, 이 요소를 모두 고려하는 의사소통이 가장 좋다고 합니다.

자존감의 3가지 요소를 모두 고려하며 의사소통한다는 것은 자신의 감정을 지키면서도 타인이나 상황도 수용하고 반영할 수 있다는 의미입니다. 3요소 중 무엇 하나 무시하지 않기에 이를 '**일치형**' 의사소통 유형이라고 합니다. 일치형 의사소통은 갈등 상황에서도 유연하게 대처할 수 있게 하고 갈등을 심화시키지도 않습니다. 그래서 일치형 의사소통을 통해 보다 성숙한 관계를 맺을 수 있다고 합니다. 사티어는 이런 일치형 의사소통을 가장 바람직하다고 보았습니다.

하지만 이렇게 완벽한 일치형 의사소통을 하는 사람들은 실제로 많지 않습니다. 만약 우리 모두가 진작 일치형 의사소통을 하며 살아왔다면 불편한 감정을 만들어 내는 상황에서도 갈등이 극단적으로 치닫는 경우로 이어지지는 않았겠지요. 그러니 일치형 의사소통 유형이 아니라고 해서 크게 걱정하기보다는, 일치형으로 나아가기 위한 노력을 하는 것이 더욱 중요합니다. 그렇다면 일치형 외에는 어떤 의사소통 유형이 있을까요? **자존감의 요소인 자신, 타인, 상황 중에서 하나 이상을 무시하는 경우**로, 회유형, 비난형, 초이성형, 산만형이 있습니다. 이 4가지의 역기능적 의사소통 유형은 타인과의 소통 과정에서 자신 또는 타인에게 상처를 줄 수 있습니다. 특히 갈등 상황에서 그 특징이 더욱 두드러집니다. 스트레스 상황에서는 자존감에 위협을 받는다고 느껴서 **생존 전략**으로 이 같은 역기능적 의사소통을 하게 되기 때문입니다. 친구가 실수로 내 옷에 물을 쏟았다고 상상해 봅시다. 이때 친구의 실수에 기분이 나쁘지만 "괜찮아. 너는 어디 튄 데 없어?"라고 상대방부터 걱정할 수도 있고, "칠칠맞지 못하게! 조심 좀 하지!" 하며 크게 면박을 주고 비난할 수도 있습니다. 반대로 물을 쏟은 친구 역시 " 어떡해. 정말 미안해…." 하며 하루 종일 눈치를 보거나, "미안. 그게 왜 거기에 물컵을 놨어~"처럼 반응할 수도 있습니다. 이처럼 우리는 같은 상황에서도 다양한 방식으로 의사소통합니다. 관계를 원만히 이어가기 위해서는 서로의 의사소통 방식을 이해할 필요가 있습니다.

1. 회유형 (자신을 무시)

자신 때문에 상대방과의 관계가 깨질까 봐 두려워합니다. 그래서 '차라리 내가 불편하고 말지.', '나만 참으면 괜찮을 거야.'라는 생각을 가지고 있습니다. 갈등 상황에서 타인의 눈치를 보고 기분을 살피기에 원만한 대인 관계를 형성할 수는 있으나 정작 자신의 감정은 무시하여 좌절감을 느낄 수 있습니다. 심리적으로 감정을 억제하고 걱정과 불안이 나타나며, 심한 경우 공황 습격과 자살 생각이 나타날 수 있다고도 합니다. 그렇지만 다른 유형보다 섬세하기 때문에 돌봄, 양육과 같은 긍정적 자원도 함께 가지고 있답니다.

회유형은 무엇보다도 자신에게 너그러워질 수 있어야 합니다. 어렵고 힘든 상황에서 자신을 비난하는 것이 아니라 친절과 용서를 베푸는 것입니다. 이제껏 남에게만 너그러웠다면 스스로 "괜찮아.", "충분히 그럴 수 있어.", "힘들었구나."라고 토닥여 줍시다.

'미안해', '잘못했어.' 같은 사과의 표현을 조금씩 줄여 보는 것도 좋습니다. 처음부터 눈치를 덜 보기는 쉽지 않을 것입니다. 그런 불편한 마음이 들 때마다 스스로를 다독여주는 것이 필요합니다.

2. 비난형 (타인을 무시)

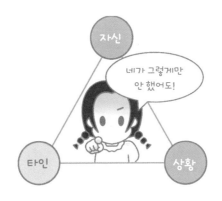

비난형은 회유형의 반대 유형입니다. 갈등 상황에서 자신을 무시하는 회유형과 달리 비난형은 남을 무시합니다. **남에게 약한 모습을 보이면 안 된다는 생각이 깔려 있어서 자신의 잘못을 인정하기를 두려워하고 남 탓을 하는 방법으로 자존감을 보호합니다.** 자신을 먼저 돌아보기보다 남이 잘못한 것부터 찾으려고 하기에 대인관계에서 어려움을 겪기도 합니다. 그런데 한편으로 타인과 가까워지고 싶은 마음이 있기 때문에 높은 외로움을 보인다고 합니다. 편집증과 고혈압, 분노, 반항이 나타날 수 있는 반면, 주장성과 지도력, 에너지와 같은 심리적 자원도 갖고 있습니다.

비난형은 다른 사람들에게 인정받고 싶고, 다른 사람들과 친밀해지고 싶다는 마음을 인정할 수 있어야 합니다. 이러한 마음을 알아차리는 것은 절대 약한 것이 아닙니다. 오히려 다른 사람들을 탓하고 기분을 상하게 하는 것이 자신을 더욱 고립시키고 약하게 만들 수도 있습니다.

주로 어떨 때 다른 사람에게 쓴소리를 하고 싶어지는지를 알아두면 좋습니다. 그 상황이 되었을 때 좀 더 주의하는 것입니다. 다른 사람과 입장이 다르더라도 무작정 "넌 틀려!" 하면서 비난하는 게 아니라, "**너는 나와 다르게 생각하고 있었구나.**"와 같이 표현을 완화해 보는 것이 좋겠습니다.

3. 초이성형 (자신과 타인을 무시하고 객관적인 상황만 중시)

초이성형의 사람은 갈등 상황에서 굉장히 고지식해 보입니다. 감정

은 무시하고 자료나 정보, 이성적인 사고를 중요시하기 때문입니다. 감정에 대한 인식이 부족한 반면 한편으로는 여린 마음을 갖고 있기에 이를 보호하고자 상황만을 중시하는 것일 수도 있습니다. 그래서 고지식해 보이는 모습과 달리 쉽게 상처받거나 소외감을 경험한다고도 합니다. 우울, 강박, 공감 능력 부족이 있을 수 있으나 지적 능력 또한 가지고 있습니다.

초이성형은 논리적으로 상황을 설명하고 싶을 수 있지만 먼저 상대방의 말을 **경청**하는 것이 중요합니다. 그 과정에서 "**아~ 그랬구나.**"하는 식의 추임새를 넣어주는 것도 좋습니다.

초이성형에게 감정을 표현하기란 굉장히 쉽지 않은 일입니다. 그러니 우선은 평소보다 조금 더 부드러운 어조로 "**너는 어떻게 생각해~?**"라고 상대에게 질문하고, "**나는 이렇게 생각해~**"라고 말을 하며 의견을 교환해보는 것도 좋은 방법입니다. 따지는 듯한 말투가 아닌 부드러운 말투로 말을 건네야 합니다. 이후 점차 감정 표현을 익히는 것도 중요합니다.

4. 산만형 (자신과 타인, 상황을 모두 무시)

갈등 상황에서의 진지하고 무거운 분위기를 견디지 못해서 불편한 상황을 얼른 모면하고자 주제를 전환하곤 합니다. 그래서 상황에 맞지 않게 동문서답하거나, 분위기를 가볍게 풀고자 자신을 우스꽝스럽게 표현하는 전략을 주로 사용합니다. 하지만 문제가 해결되지 않았는데 상황에서 벗어나려는 시도는 오히려 자신에게는 상황을 헤쳐갈 능력이 없다는 부정적인 생각을 심어줄 수 있습니다. 진지한 상황을 무작정 피하기보다는 왜 그 상황을 피하고 싶은 마음이 드는지 구체적으로 생각해 보는 것이 좋습니다. 충동 조절 능력이 낮고, 혼란스럽고 우울함과 동시에 공감 능력이 부족할 수 있습니다. 그러나 유머와 창조적인 심리적 자원을 가지고 있다고 합니다.

스트레스 상황을 견디기 힘들 때는 주변 사람들에게 도움을 요청하는 것도 좋습니다. 상황은 어땠는지, 그때 내 마음과 타인의 반응은 어땠는지 구체적으로 표현하는 연습이 필요합니다.

5. 일치형 (자신과 타인, 상황을 모두 중시)

일치형은 타인의 감정을 무시하지 않으면서도 자신의 마음을 솔직하게 전달하는 가장 바람직한 의사소통 유형이라고 할 수 있습니다. 다른 사람이 자신을 어떻게 판단하는지에 영향을 덜 받아서 거절에 크게 민감하지 않습니다.

개인의 의사소통 유형은 상황과 대상에 따라 조금씩 바뀌기도 합니다. 가족 앞에서는 비난형인 사람이 사회적인 상황에서는 초이성형이 될 수도 있습니다. 그러니 내가 상황별로 어떤 의사소통 유형으로 소통하는지도 함께 생각해 보면 좋겠지요.

진솔한 의사소통을 위한 방법

1. 최근 가까운 사람들과의 갈등으로 스트레스 받았던 경험을 떠올려 보세요.

   어떤 상황이었나요?

   ....
   ....
   ....
   ....
   ....

그때 나의 감정과 생각은 어땠습니까?

감정
....
....

생각
....
....

그래서 나는 어떻게 반응했나요?

....
....
....

상대방은 어떻게 반응했습니까?

....
....
....

그 상황에서 내가 원래 기대하고 있던 상대방의 모습은 어떤 것이었나요?

....
....
....

상대방이 나에게 원했던 모습은 무엇이었을까요? 가능하다면 상대방에게 물어봅시다.

....

....

....

나와 상대방의 기대에는 어떤 차이가 있나요?

....

....

....

나와 상대방이 서로 합의할 수 있는 부분은 어떤 것이 있을까요?

....

....

....

2. 이중 메시지는 의사소통에서 독이 됩니다.

모순되는 말과 행동으로 상대방에게 혼란을 주는 표현인 이중 메시지는 어떤 관계에서도 흔히 찾아볼 수 있습니다. 부모-자식, 친구, 연인도 예외는 아닙니다. 예를 들어 어머니가 자녀에게 실컷 아버지 흉을 봐놓고 자녀가 편을 들어 주려 맞장구를 치면, "그래도 아빤데

너는 그러면 안 되지." 하는 것을 이중 메시지라고 할 수 있습니다. 이중 메시지는 연애를 하면서도 종종 겪을 수 있습니다. 실수로 연인의 감정이 상했을 때, 실수를 한 사람은 연인에게 "미안해. 화 많이 났어?"라고 묻습니다. 그러자 연인은 가라앉은 목소리로 한숨을 푹 쉬며 "아냐, 괜찮아. 그럴 수 있지."라고 하고 더 이상 대화를 이어가려 하지 않습니다. 그러나 몇 분 뒤 SNS를 보니, 연인이 '진짜 스트레스 받는다.'라는 의미심장한 글을 올립니다. 이중 메시지는 특히 감정을 솔직하게 표현하는 것을 자존심이 상한다고 여기거나, 자신의 마음을 알아주기를 기대했는데 뜻대로 되지 않았을 때 '나를 힘들게 하다니! 너도 속 좀 타 봐라!' 하는 수동 공격의 의미로 사용하곤 합니다.

이런 이중 메시지는 의사소통에 큰 장애물이 됩니다. 이중 메시지를 받는 사람은 상대에게 어떻게 반응해야 할지 혼란스럽고 자신이 수용받지 못한다는 느낌을 받게 될 수 있습니다. 이중 메시지는 사용하는 사람에게도 부정적인 영향을 미칩니다. 커플 이야기로 다시 예를 들겠습니다. 화가 났음에도 상대방에게 괜찮다고 말했던 연인은 괜찮다는 자신의 말을 듣고 평소처럼 행동하는 상대방을 보며 더 큰 화가 치밀게 됩니다. 자신의 부정적인 감정은 아직 해결되지 않았는데 상대방은 다 끝난 것처럼 행동하니 괘씸한 마음이 드는 것이지요. 하지만 상대방은 그런 마음을 전혀 알 수가 없습니다. 솔직하지 못한 의사소통은 해결되지 못한 감정을 쌓이게 만들어 더 격한 감정을 불러일으키고 관계를 엉망으로 만들 수도 있습니다. 혹시 나도 모르게 이중 메시지를 사용하고 있지는 않았는지 한번 돌아보면 어떨까요? 그동안 이중 메시지를 많이 사용하고 있었다면 우선 감정을 가볍고 솔직하게 표현해 봅시다. 그러다 보면 관계에 따르는 스트레스가 보다 줄어들 것입니다.

13

가스라이팅 속에서
나를 지키는 법

가스라이팅

'가스라이팅'이라는 용어는 1938년 연극
'가스등(Gaslight)'에서 유래됐습니다.
그 당시에는 가스를 사용해서 불을 켰어요.

같은 건물의 가스등은 서로 연결되어 있어서
한 곳에서 불을 켜면 다른 곳의 불은
약해지는 구조였답니다.

연극은 남주인공이 보석을 갖기 위해
위층에 사는 부인을 살해하는 장면으로 시작돼요.
그리고 보석을 찾기 위해 위층 가스등을 켜는데…

남편이 위층에 올라가서 불을 켤 때마다
아래층에 있는 아내는 가스등이 어두워지고
위층에서 소리가 나는 것을 느끼기 시작했어요.

쿵 쿵

쿵

뭔가 이상함을 알아챈 아내는
남편에게 이 사실을 알리는데요,

하지만 남편은 범행을 숨기기 위해
'네가 예민한 것'이라며 오히려 아내를
이상한 사람 취급하기 시작합니다.

자신의 생각이 맞음에도
결국 아내는 스스로를 의심하게 되고,
현실 검증 능력이 낮아져 남편에게 의존하게 됩니다.

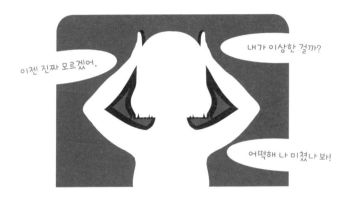

이처럼 '가스라이팅'이란 지속적인
상황 조작을 통해서 타인의 마음에
스스로에 대한 의심을 불러일으켜
현실 감각과 판단력을 잃게 만드는 것이에요.

가스라이팅은 특히 친구, 연인, 가족 등
가까운 관계에서 일어나는 경우가 많다고 하는데요,

가까울수록 내 뜻대로, 내 마음대로, 나를 위해서
행동해 주기를 바라는 마음이 더욱 커지는 것이죠.

이러한 마음이 지속된다면
상호 존중이 아닌, 통제 하에 이루어지는
불건전한 관계로 이어질 수 있어요.

가까운 사이일수록 내가 건강한 관계를 맺고 있는지 점검하고,
반대로 나도 모르게 누군가를 통제하려는
마음을 가지고 있는 건 아닌지 늘 살펴봐야 합니다.

♥ '가스라이팅'은 상대방을 자신의 뜻에 맞게 조종하고 통제하는 고도의 심리 전술입니다. 그나마 다행인 것은 가스라이팅이라는 단어가 미디어에 자주 노출되면서 많은 사람에게 인식되었다는 점입니다. 하지만 동시에 용어가 남발되기도 하고, 그 수법이 점점 교묘해져서 가스라이팅을 당하고 있는지 알아차리기 어려워질 수도 있습니다. 아무래도 보이지 않는 심리적인 전술이다 보니 혼란스럽고 판별하기 어렵기 때문이겠지요. 더군다나 가까운 관계에서 일어나는 가스라이팅이라면 알아차리고 인정하기가 더더욱 쉽지 않습니다. 저 역시 친했던 친구, 혹은 믿었던 사람이 저를 가스라이팅했을 때 쉽게 받아들이지 못하고 참으며 관계를 이어갔으니 말입니다. 하지만 그런 관계는 결국 끝을 맞이하게 된다는 것을 경험자로서 분명하게 말씀드리고 싶습니다. 그 관계가 끝이 날 때쯤에 남는 건 앙상하게 갉힌 정신 상태뿐이라는 것도요. 그래서 이번 챕터에서는 당신이 이런 건강하지 못한 관계에 빠지지 않도록 가스라이팅을 조목

조목 파헤치려 합니다. 먼저 가스라이팅을 하는 사람의 심리를 들여다볼까요?

1. 상대의 자율성을 존중하지 못하고 상대를 통제하고 있을 때 안정감을 느끼며, 상대를 통해 자신의 존재감과 영향력을 확인하려 합니다.

2. 다른 사람을 통제해야 한다는 비합리적인 신념을 가지고 있습니다. 그래서 상대가 나의 기대와 뜻에 부합하지 않으면 불편함과 불안을 느낍니다. 자신이 불편감을 느끼지 않기 위해 상대를 통제합니다.

이처럼 가스라이팅을 하는 사람들은 통제감이 타인을 향해 있으며, 때로는 자신이 타인을 통제할 수 있다고 믿기도 합니다. 특히 가까운 사이에서 나와 타인을 잘 구분 지을 수 없을 때 통제감이 높아져 가스라이팅이 일어나기 쉽습니다. 살면서 가까운 사람이 우리의 기대를 충족시키지 못했거나 내 말을 잘 들어주지 않아서 실망했던 적이 한 번쯤은 있었을 것입니다. 물론 그런 불편한 감정을 느끼는 것은 자연스럽습니다. 그런데 이 수준을 넘어서서 자신이 불편감을 느끼지 않기 위해 계속해서 다른 사람을 자기 뜻대로 통제하려고 하면 문제가 되는 것이지요.

가스라이팅을 하는 사람들의 유형은 크게 **비난형, 조언형, 피해자형**으로 나누어 볼 수 있습니다. 모든 유형이 혼재되어 있는 경우도 있고, 한 사람이 여러 유형의 가스라이팅을 사용할 수도 있으니 상황에 따라 판단해 보시면 좋을 것 같습니다.

1. 비난형

"내 말이 무조건 맞아.", 혹은 "네가 틀렸어!" 식의 태도를 보입니다. 상대방과 나의 뜻이 언제나 같기를 바라며, 서로의 욕구가 충돌할 때 무조건적으로 상대를 탓합니다. 우리가 익히 알고 있는 전형적인 가스라이팅의 모습이지요. 그렇기 때문에 가스라이팅에 대해 조금이라도 접해 본 사람들은 이것이 곧 가스라이팅이라는 것을 비교적 쉽게 알아차릴 수 있습니다. 대부분의 비난형은 무의식중에 자신이 상대보다 더 우월하다고 여기거나 상대방을 통제의 대상으로 보기 때문에 상대의 자율성을 인정하고 싶지 않아 하는 경향을 보이기도 합니다. 또한 상대를 자주 비난하지만 자신이 비난받는 것은 끔찍하게 싫어하며, 작은 의견 충돌도 무척 예민하게 받아들입니다. 만약 이렇게 나의 자율성을 무시하고 비난하는 가스라이팅을 듣고 있다면, 상대와의 관계가 동등한지 돌아보아야 합니다.

2. 조언형

조언형은 언뜻 나를 위해주는 것처럼 느껴져서 **가스라이팅이 맞는지 혼란**이 올 수도 있습니다. 그런데 조언형 가스라이팅을 사용하는 사람 중에서 아주 못된 사람은 조언하는 척하며 상대의 인간관계를 점점 차단시킵니다. 계속해서 구속을 당하다 보면 자신을 진심으로 위해주는 사람은 가해자밖에 없다고 느끼고 점점 통제력을 빼앗길 수 있습니다. 진심 어린 조언인지 조언을 빙자한 가스라이팅인지를 알려면 **목적의 방향**을 보면 됩니다. 조언을 통해 이득을 보게 될 사람이 누구인지를 살피는 것이지요. 조언형은 통제 욕구는 강하지만 자신의 통제욕을 인정하고 싶지 않거나, 자신의 이미지에 신경을 쓰는 사람에게서 주로 나타납니다.

3. 피해자형

조언형이 교묘한 가스라이팅이라서 알아차리기 힘들다면, 피해자형의 경우 상대를 **나쁜 사람**으로 몰아가기 때문에 정말 골치 아픕니다. 정말로 상대방이 잘못했거나 상대방에게 피해를 입어서가 아니라, 자신의 뜻에 따라 주지 않을 때 상대방을 비난합니다. 다만 무작정 상대만을 깎아내리는 비난형과 달리 피해자형은 상대방을 비난하기에 앞서 자신을 약자로 낮추며 동시에 상대방을 죄책감에 시달리게 합니다. 그래서 가스라이팅을 당한 사람은 '**내가 잘못했나?**', '**나는 나쁜 사람이야. 남한테 상처만 주고.**'와 같은 생각을 하면서 끌려다니게 되는 것입니다. 피해자형 가스라이팅을 하는 사람은 흑백논리의 사고방식을 가지고 있는 경우가 많습니다. 중간의 회색 지대를 생각하지 않고 승자와 패자, 피해자와 가해자, 착한 사람과 나쁜 사람처럼 흑과 백으로 나누어서 생각하곤 하지요.

피해자형이 자주 사용하는 말

"너 때문에 상처받았어."

"너 참 나쁘다."

"사과해."

"어떻게 그럴 수 있어?"

"참 이기적인 사람이었네."

가스라이팅 속에서
나를 지키는 법

1. 나의 마음을 살피기

가스라이팅을 지속적으로 당하다 보면 어느새 내가 진짜 내가 아닌 것처럼 혼란스러울 때가 있습니다. 모든 것이 상대방에 의해 움직이고 나는 통제권을 잃은 채 넋이 나간 사람이 되지요. 그렇게 되지 않으려면 늘 나의 마음을 살피는 것이 1순위가 되어야 합니다. 나의 감정은 어떤지, 나의 생각은 어떤지 늘 돌아봐야 합니다. 이는 가스라이팅을 당하고 있지 않더라도 건강한 마음의 경계선을 세우기 위해서 누구나 해야 하는 작업입니다. 만약 나의 마음을 살피는 것이 추상적으로 느껴진다면 다음 질문들에 답해 보세요.

최근에 느낀 가장 강한 긍정적인 감정과 부정적인 감정은 무엇이었나요?

....

....

각각 어떤 상황에서 그렇게 느꼈나요?

....

....

지금 그 상황을 돌이켜 봤을 때 무슨 생각과 감정이 드나요?

....

....

2. 믿을 만한 주변인 혹은 상담자에게 이야기해 보기

가스라이팅을 당하고 있다면 찜찜함이 조금이라도 생길 것입니다. '날 위해서라고 하긴 했지만…', '날 사랑한다고는 하는데…', '상처 받은 건 나인데 왜 내가 사과했지?' 등 말입니다. 이는 나의 마음이 계속해서 보내는 신호입니다. 이를 역으로 이용합시다. 신호가 느껴 진다면 믿을 만한 주변 사람들에게 조심스럽게 이야기를 해 보세요. 상황을 객관적으로 설명하며 제3자의 시선으로 관계를 돌아보기 위 함입니다. 이야기를 깊게 나눌 상대를 찾기 어렵다면 상담을 받아 보는 것도 좋겠지요. 가스라이팅으로 혼란스러운 상태에 빠져 있다

보면 찝찝한 마음을 대수롭지 않게 넘기기 쉽습니다. 특히 심한 가스라이팅을 당하고 있거나 가스라이팅에 취약한 경우에는 외부와의 연결이 차단되어 있을 확률이 높아 가스라이터의 요구에 맞춰 살게 되는 것이죠. 그러니 둘만의 관계에서 빠져나와서 타인의 도움을 받아 관계를 돌아보는 것도 좋은 방법입니다.

3. 차분하게 표현하는 연습하기

누구나 내키지 않는 것을 거절할 수 있는 권리가 있습니다. 하지만 거부 의사를 밝혀도 쉽게 포기하지 않는 사람들도 있습니다. 그러한 사람들은 자신이 상대방을 통제해야 한다는 생각이 있기 때문에 상대방을 더 자극하려 들 수 있습니다. 그럴 때일수록 격한 감정을 실으면 안 됩니다. 격한 반응은 그들이 타인에게 영향력 있는 존재라는 믿음을 주기 때문에 오히려 독이 될 수 있습니다. 그저 차분하게 대응하는 것으로 충분합니다.

일정한 톤으로 거절하는 연습하기

거절하기를 어려워할수록 가스라이터의 표적이 되기 쉽습니다. 거절에는 힘이 있습니다. 그동안 Yes만 해왔다면 '아니', '안 돼', '안 할래' 등 거절의 말을 평소에 연습하는 것이 좋습니다.

다음 예시를 일정한 톤으로 소리 내어 말해 보세요.

"나는 지금 내키지 않아."

"그건 좀 아닌 것 같아."

"내 마음이야."

가스라이팅을 하는 사람은 자신의 통제가 통하지 않으면 처음에 격한 반응을 보이게 됩니다. "네가 어떻게 그럴 수 있어?", "내가 우리의 관계를 위해서 얼마나 노력하는데!" 등 어떤 말로든 당신을 도발할 수 있습니다. 때로는 동정심과 애정을 자극하기도 합니다. 격한 반응에 당혹스럽고 놀랄 수도 있지만 끌려가면 안 됩니다. 속으로 **'내가 마음대로 되지 않아서 꽤나 답답하겠군.'**하고 넘기시길 바랍니다. 차분하게 대응해야 한다는 것을 잊지 마세요!

4. 상대와 물리적 거리 두기

정도에 따라 만나는 횟수를 줄이거나 가급적이면 만나지 않는 것을 조심스럽게 권하고 싶습니다. 물론 가스라이팅을 하는 사람들을 무조건 악한 사람이라고 치부할 수는 없다고 봅니다. 인간은 누구나 악한 부분이 어느 정도 있고, 때로는 그런 부분을 미성숙하게 드러낼 때도 있으니까 말입니다. 하지만 우리가 타인의 미성숙한 마음을 이해해 가며 스스로를 희생해야 할 의무는 없답니다.

14

'나르시시스트'는
어떤 사람일까?

나르시시스트

호수에 비친 자신의 모습을 보고 사랑에 빠져 죽은
나르키소스 이야기를 한 번쯤 들어봤을 거예요.

이 오랜 신화는 현대의 '나르시시스트'의 유래가 됩니다.
이렇게 나르시시스트는 진정한 자기 자신보다는
아름답게 비친 자신의 모습을 사랑합니다.

그렇지만 보여지는 자신에만 집중하기에
자신의 내면까지도 사랑하지는 못합니다.
그래서 비어 있는 내면을 채우기 위해
자신은 '특별'하다며 과도한 우월감을 추구해요.

물론 우리 모두는 단 하나뿐인
소중하고 특별한 존재이죠.

하지만 나르시시스트는 자신만을 특별하게 여기고
타인의 개별성을 이해하거나 존중하지는 못합니다.

과도한 찬사를 요구하는 동시에
자신의 단점을 타인의 탓으로 돌리는 등
타인을 마치 자신을 위해 존재하는 대상으로 여깁니다.

자신을 지나치게 사랑하고
타인에게 고로움을 안겨준다는 점에서
보통 사람과는 차이가 있지요.

하지만 나르시시스트를 처음부터 구분하기는 어려워요!
바로 자신의 모습을 드러내기보다는
관계가 가까워지고 나서 비로소 실체를 드러내는
나르시시스트들도 있기 때문입니다.

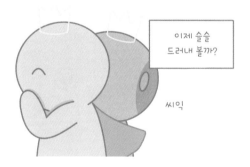

이제 슬슬
드러내 볼까?

씨익

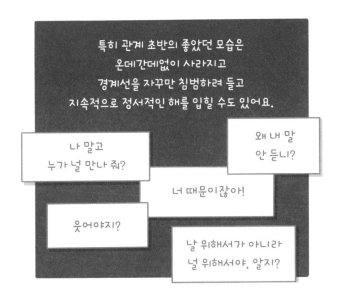

특히 관계 초반의 좋았던 모습은
온데간데없이 사라지고
경계선을 자꾸만 침범하려 들고
지속적으로 정서적인 해를 입힐 수도 있어요.

나 말고
누가 널 만나 줘?

왜 내 말
안 듣니?

너 때문이잖아!

웃어야지?

날 위해서가 아니라
널 위해서야. 알지?

그래서 나르시시스트와 가까워지면
정신이 피폐해지고 혼란스러워지며
사람들과의 관계에 두려움을 갖게 될 수 있습니다.

자신을 지키기 위해서는
나르시시스트에 대해 알아야 해요.

물론 그렇다고 해서 단편적인 면만 보고
사람을 쉽게 판단해서는 안 되겠지요.
남을 판단하기 위해서가 아닌,
스스로를 보호하기 위한 용도로만 알아가도록 합시다!

사람은 정도에 따라 다르지만 모두 자기애를 가지고 있습니다. 자기애가 다른 사람들보다 강한 사람도 있지요. 하지만 그런 사람들이 모두 '나르시시스트'가 되진 않습니다. 우리가 주목해야 할 것은 자기애의 질적인 측면입니다. **나르시시스트는 단순히 자기애를 가지고 있는 사람이 아니라, '건강하지 못한 자기애'가 많은 부분을 차지해서 다양한 강도로 다른 사람들에게 고통을 안겨주는 사람입니다.** 과유불급이라는 말처럼, '건강하지 못한 자기애'는 '지나친 자기애'로 이해할 수 있습니다. 자기애가 지나치다는 표현을 얼핏 보면, 자신 본연의 모습을 아주 사랑한다는 뜻으로 받아들여질 수도 있습니다. 하지만 이들의 내면에는 깊은 열등감이 자리하고 있어서 자신의 모습을 있는 그대로 인정할 만한 힘이 없습니다. 그래서 역으로 자기 자신을 남들과 다르게 특별하다고 생각하며 자신이 만들어 낸 '완벽한' 모습을 유지하기 위해 타인을 이용합니다. '나를 과시하기 위해', '누군가에게 영향력을 행사하고 있다는 우월감을 느끼기 위해' 등 자신을 위해 관계를 이어가지만, 조금이라도 자신의 기대에서 벗어나면 바로 타인을 탓하고 힘들게 합니다.

이어질 내용을 이해하기 위해서는 건강하지 못한 자기애를 충분히 이해해야 하는데요, 그럼 건강한 자기애와 건강하지 못한 자기애의 차이를 알아볼까요?

건강한 자기애	건강하지 못한 자기애
• 자신의 좋은 점뿐 아니라 부족한 점도 있는 그대로 받아들임 • 칭찬을 좋아하지만 타인의 평가에 집착하지 않음 • 자신이 이루고자 하는 일을 해내는 과정에서 주위 사람들에게 피해를 주려하지 않음 • 자신과 상대의 차이점을 존중할 수 있음 • 자신의 만족을 추구하되 타인도 함께 배려함	• 자신은 절대 상처받아서는 안 된다고 생각함 • 타인의 평가에 민감하며 찬사를 과하게 추구함 • 자기중심적이며 자신의 이익을 위해서라면 타인에게 피해가 가도 크게 개의치 않음 • 자신이 굉장히 특별한 존재라고 생각함 • 관심의 중심이 되려 애쓰고 질투가 많음

물론 사람들은 어느 정도의 건강하지 못한 자기애를 가지고 있습니다. 마음에 상처를 입으면 건강하지 못한 자기애의 비중이 커질 수도 있지요. 그것만으로는 나르시시스트라고 할 수 없습니다. 예를 들어 타인의 관심과 인정을 얻으려는 사람이 모두 나르시시스트는 아닙니다. 타인의 평가에 민감한 사람 역시, 과거에 타인의 평가 때문에 힘든 시간을 보냈다면 그런 특성을 충분히 보일 수 있습니다.

하지만 나르시시스트는 건강하지 못한 자기애로 타인을 괴롭게 하고, 자신이 타인에게 입히는 피해를 고려하지 않는다는 점에서 보통 사람과의 차이가 있습니다. 나르시시스트는 정신의학적 진단명이 아니기 때문에 전문가마다 사용하는 용어가 조금씩 다르지만, 보통 **외현적 나르시시스트, 내현적 나르시시스트, 악성 나르시시스트, 공동체적 나르시시스트** 4가지로 나누는 경우가 많습니다. 모든 나르시시스트가 4가지 유형으로 딱 나누어지는 것은 아닙니다. 한 유형

외현적 나르시시스트

- 겉으로는 매력적이고 자신감이 넘침
- 눈에 띄려 하고 자신을 과시하려 함
- 선망의 대상이 되고자 하며 특별 대우를 받으려 함
- 성공과 재력, 외모 등에 집착함

내현적 나르시시스트

- 겉으로는 수줍고 내향적임
- 외현적 나르시시스트에 비해 덜 매력적
- 동정심을 유발하며 피해자 역할을 자처함
- 초반에는 공감을 잘해주는 것 같으나 자기중심적임

악성 나르시시스트

- 가장 위험하고 잔인한 나르시시스트
- 참을성이 없고 쉽게 분노하며 폭력을 가하기도 함
- 범죄를 저지르며 이를 즐기기도 함
- 가학적이며 편집증적 성격을 띰

공동체적 나르시시스트

- 겉으로 보기에는 선량하고 좋은 사람의 모습
- 선행을 내세워 긍정적인 평가를 받는 데 집착함
- 뒤에서는 주변인을 괴롭게 하거나 약자에게서 우월감을 얻음

에 속한다고 해서 다른 유형의 특징이 나타나지 않는 것은 아니며 혼합되어 있는 경우도 많습니다.

외현적 나르시시스트

자아도취적인 성향이 겉으로 드러나는, 가장 전형적인 나르시시스트의 모습이라고 할 수 있겠습니다. 외향적이고 자신감 있는 모습을 보이며 항상 관심의 중심에 서려고 합니다. 자신을 조금이라도 비판하는 사람이 있으면 되레 그 사람을 열등감 덩어리로 취급하며 집단에서 고립시키려 합니다. 자신을 과시하고 사람을 조종하는 데에 능숙해서 나르시시스트를 잘 모르는 사람이 본다면 **굉장히 매력적**으로 보이기도 합니다.

내현적 나르시시스트

겉보기에 수줍고 내향적이기 때문에 단순히 성격이 소극적인 사람들과 구분하기가 어렵습니다. 내현적 나르시시스트는 **언더독 효과**를 능숙하게 사용합니다. 언더독 효과는 약자를 지지하고 응원하게 되는 심리 현상으로, 내현적 나르시시스트는 자신을 약자로 꾸며서 착한 사람처럼 보이게 합니다. 이들은 공감 능력이 좋거나 감수성이 좋은 사람에게 다가갑니다. 자신을 낮추고 어딘가 안쓰러운 이미지를 형성해서 상대방의 동정심을 자아내지요. 동시에 자신이 배려심 있고 착한 사람임을 은연중에 어필합니다. 그 모습을 본 이타적인 사람은 '착하고 안쓰러운' 그가 행복하게 살 수 있도록 도와주고 싶어 하게 됩니다. 외현적 나르시시스트와 다르게 거만하고 자기애적인 성격이 드러나지 않아서 인간 심리에 대해 배웠던 사람일지라도 직접 겪어보기 전에는 잘 모릅니다. 하지만 이들도 불건강한 자기애가 깊게 자리하고 있기에 가까워질수록 별것 아닌 이유로 험담과 불만을 늘어놓고, 대화가 자기중심적이며, 사소한 것에도 쉽게 수치심을 느껴 분노하는 모습을 보입니다. 또한 가까운 사람을 질투하면서도 죄책감을 이용해 계속해서 자신의 관계망 안에 두고 통제하려 합니다.

악성 나르시시스트

가장 조심해야 할 나르시시스트 유형입니다. 반사회적이고 가학적이어서 신체적 학대를 하거나 극심한 범죄를 저지르기도 합니다. 그 과정에서 타인이 굴복하고 복종하는 모습을 보며 자신이 대단하다는 우월감을 얻기도 합니다. 그러면서도 타인의 평가에 민감해서 뒤에서 남몰래 성 착취를 하거나 폭력을 행하면서 타인을 휘두르기도 하지요. 편집증적 성격으로 남을 쉽게 의심하며 타 유형에 비해 통제 능력이 현저히 부족합니다.

공동체적 나르시시스트

선량한 가면을 쓰고 있는 경우가 많습니다. 언뜻 보기에는 좋은 일에 앞장서는 것 같지만 그 행동의 이면에는 우월감을 얻으려는 목적이 있습니다. 보통 좋은 일을 하면 찬사가 뒤따르지요. 타인에게 받는 칭찬은 일종의 보상이 되어서 '좋은 행동'을 더 하게 만듭니다. 특히 사회적 동물인 인간에게 다른 사람의 인정과 칭찬은 큰 보상으로 여겨질 수 있습니다. 물론 인정과 칭찬을 받기 위해 좋은 일을 하는 것은 전혀 나쁜 일이 아닙니다. 하지만 선량한 가면을 쓰고 남몰래 타인을 심리적으로 괴롭게 하거나 착취하는 것은 큰 문제가 됩니다. 흔히 좋은 일을 많이 하는 사람으로 알려졌지만, 뒤에서는 폭력을 쓰거나 막대한 돈을 갈취하는 경우 공동체적 나르시시스트일 수 있겠습니다. 이들은 자신이 속한 집단의 누군가가 자신보다 큰 선행을 하거나 칭찬을 받는 것을 견디지 못합니다. 그런 사람에게 위협을 느끼고 깎아내릴 구석을 찾거나 자신의 분노를 만만한 대상에게 화풀이할 수 있습니다. 특히나 내현적 나르시시스트와 혼합될 경우, 자신을 착하고 사려 깊은 사람으로 포장하기 때문에 그들을 겪어보지 못한 사람에게는 '좋은 사람', '진짜 착한 사람'으로 보이는 경우가 많습니다. 그들의 실체를 밝히려는 사람이 되레 이상한 사람이 되는 불상사가 발생하기도 합니다.

사람은 생각보다 남을 쉽게 판단하는 경향이 있고, 보여지는 모습으로 그 사람을 알 수 있다고 생각하는 오류를 저지르기도 합니다. 그래서 선행을 보이면 진짜 착한 사람이라고 판단하곤 하죠. 반대로 누구나 저지를 수 있는 실수를 크게 비난하며 아주 나쁜 사람이라고 끌어내리는 경우도 있습니다. 나르시시스트에 대한 이 글이 자신을 지키는 데에 도움이 되었으면 하지만, 누군가를 쉽게 판단하는 글로 작용하지는 않았으면 좋겠습니다. **단편적인 면으로 타인을 나르시시스트라고 판단하는 것이 아니라 내가 맺고 있는 관계가 나에게 해가 되진 않는지, 혹은 미리 나르시시스트의 특징을 알고 비슷한 사람이 다가왔을 때 어떻게 대처해 나갈 것인지 고민하는 데 도움이 되었으면 좋겠습니다.**

나르시시스트로부터
나를 보호하기

1. 나르시시스트의 투사 알아차리기

'**투사**'란 자신에게 허용되지 않는 부분을 상대방의 것으로 돌리는 미성숙한 무의식적 방어 기제입니다.

예를 들어, 나르시시스트인 내가 상대방에게 열등감을 가지고 있다고 가정해 봅시다. 하지만 나에게 열등감은 절대 허용되지 않는 감정입니다. 나는 완벽하니까요. 그럼 이제부터 열등감이 나의 의식으로 올라오지 못하게 해야 합니다. 내가 열등감을 느낀다니, 정말 수치스럽거든요. 그래서 나는 반대로 이 열등감이 상대의 감정이라고 생각할 것입니다. "쟤가 나한테 열등감이 있나 보군."이라고 말이죠. 또는 상대방이 자신에게 정말로 그런 감정을 갖도록 일부러 화를 돋

우거나 예민하게 만들기도 합니다.

이처럼 투사는 나르시시스트가 가장 잘 사용하는 미성숙한 방어 기제입니다. 자기 자신을 끔찍하게 사랑하는 나르시시스트는 스스로 허용할 수 없는 자신의 모습을 지속적으로 상대방에게 뒤집어씌웁니다. "넌 정말 욕심쟁이야.", "네가 나한테 ~해서 그렇잖아!" 같이 말이죠. 그리고 나르시시스트에게 상처 입은 사람들은 대개 나르시시스트가 상대방에게 투사하는 부정적인 것을 자신의 것으로 받아들이게 됩니다.

> **나르시시스트:** "네가 예민하네.", "네가 못됐네.", "네가 이기적이네."
> **나르시시스트에게 상처 입은 사람들:** '내가 예민한가?', '내가 못됐나?',
> '내가 나만 생각했나?'

투사를 사용하는 사람들을 전부 나르시시스트라고 할 수는 없겠지만, 나르시시스트는 투사라는 방어 기제를 아주 능숙하게 사용할 수 있습니다. 만약 당신이 어느 순간부터 자신을 부정적으로 생각하고 의심하게 되었다면, 그 감정이 나르시시스트의 것은 아닌지 생각해보세요. 그 사람의 문제는 그 사람 것이지 당신의 것이 아닙니다. **내 것으로 받아들이지 말고 분리하세요.**

2. 회색 돌 기법

나르시시스트 대처법을 검색하면 가장 먼저, 그리고 가장 많이 나오는 기법입니다. **나르시시스트들은 사람들이 자신을 향해 감정을 내비치는 모습을 보면서 자신의 영향력을 확인합니다.** 따라서 감정적인 반응을 보이는 것은 오히려 독이 될 수 있습니다. 사랑의 반대말은 미움이 아닌 무관심이라고 하죠. 나르시시스트가 제일 싫어하는 것이 무관심입니다. 말을 걸어도 아무 반응도 하지 않는 돌멩이처럼, 나르시시스트가 관심을 끌려고 죄책감과 수치심을 유발하는 말을 해도 평정심을 유지하세요. 감정을 섞지 말고, 관심 없다는 듯 일정한 톤으로 짧게 답해야 합니다.

3. 내 마음을 알아줄 거라 생각하지 않기

보통 사람이라면 정서적 대화를 나누었을 때 사이가 더 돈독해지지만, 나르시시스트의 경우에는 다릅니다. 갈등을 풀기 위해 나르시시스트와 대화를 하면 갈등이 풀리기는커녕 이상한 방향으로 뻗어나가거나, 오히려 약점이 되어 당신이 비난받을 수 있습니다. 예를 들어 "내가 그런 말을 들으니까 속상한 마음이 드네."와 같은 말을 나르시시스트에게 건넸을 때, **"너는 좋은 말만 듣고 싶어 하는 애구나?"**와 같은 반응이 돌아올 수도 있습니다.

4. 바꿀 수 있다고 생각하지 말기

나르시시스트와 관계를 못 끊는 이유는 내가 나르시시스트를 변화시킬 수도 있지 않을까 하는 허황된 믿음 때문일 수도 있습니다. '언젠가 나의 진심이 통하지 않을까?', '내가 이렇게 하면 그 사람은 좋아질 수 있어!', '나르시시스트는 변하지 않는다고 하지만 이 사람은 예외일 수도 있잖아?'와 같은 생각이 들기도 할 겁니다. 특히 나르시시스트가 가끔 예전처럼 잘해주는 모습을 보이면 조금씩 변화하는 것 같고 뿌듯할 수도 있습니다. 하지만 이는 상대를 자신의 영향권 내에 묶어놓기 위한 일시적인 모습일 뿐입니다. 나르시시스트가 진정으로 변화하기 위해서는 자신 스스로를 인정해야할 뿐만 아니라 엄청난 의식적 노력을 필요로 합니다. 그러나 그들의 변화는 그들의 몫이지 당신의 몫은 아닙니다. 그들을 도우려다가 오히려 자신을 진심으로 대하는 사람을 자신의 입맛에 맞게 이용하려는 나르시시스트에게 당할 수도 있습니다. 그들을 변화시키려 들지 마세요. **나르시시스트를 변화시키기 전에 나부터 먼저 변질된다는 것을 잊지 않으셨으면 좋겠습니다.**

5. 아무렇지 않게 행동하기

만약 나르시시스트의 심기를 조금이라도 불편하게 한다면, 나르시시스트는 '침묵'을 사용할 것입니다. 연락이 잘 되던 사람이 갑자기 연락을 하지 않거나, 단답을 하거나, 투명인간 취급을 하는 것이지요.

하지만 이는 당신을 괴롭게 만들어서 나르시시스트를 의식하게 하고 결국 나르시시스트에게 복종하게 만들려고 쓰는 전략입니다. 감정이 풍부하고 타인을 배려하는 사람일수록 침묵이 주는 어색함을 견디기 어려워한다는 것을 나르시시스트는 본능적으로 알고 있습니다. 특히 나르시시스트 연인의 경우 상대가 계속해서 반응하지 않으면 다른 사람을 이용해서 질투심을 자극하려 들지도 모릅니다. 힘들겠지만 그럴 때일수록 다른 사람에게 힘든 마음을 털어놓고 마음을 다스리면서 아무렇지 않은 척하는 것이 좋습니다.

♪

PART
3

삶으로
나아가는 방

15

부정적 감정의 고리를 끊자!

회피와 수용

자, 여기 집중!
지금부터 제가 하는 말을 따라와 주세요.

흰곰 아시죠? 맞아요. 그 흰곰.
하얀색 털을 가진 북극곰이요!

지금부터 눈을 감고
흰곰을 떠올려 보세요.

곰의 크기, 생김새 등을
가능한 선명하게 떠올리는 거예요.

다 하셨나요?

그렇담 지금부터는 방금까지 상상했던
흰곰을 1분 동안 생각하지 마세요.

절대 흰곰을 한 번도 떠올려서는 안 됩니다.

지켜볼 거예요.

그럼 시작!

흰곰을 떠올리지 말라고 했는데 어땠나요? 흰곰을 정말로 단 한 번도 떠올리지 않았나요? 오히려 생각하지 않으려고 하니 더 떠오르지는 않았나요? 이 실험은 하버드 대학교의 다니엘 웨그너Daniel Wegner 교수가 진행했습니다. 피실험자를 A와 B 두 집단으로 나누고 A 집단에는 절대 흰곰을 생각하지 말라고 지시하는 반면, B 집단에는 아무 제한도 두지 않고 자유롭게 흰곰을 생각해도 된다고 했습니다. 그리고 두 집단 모두에게 흰곰이 떠오르는 즉시 종을 치라고 했지요. 아이러니하게도 흰곰을 떠올리지 말라는 지시를 받은 A 집단이 종을 더 많이 쳤다고 합니다. 자유롭게 흰곰을 생각하게 한 B 집단보다도 흰곰을 더 많이 떠올렸다는 것입니다. 실험 결과처럼 특정 생각을 억누르려고 할수록 오히려 그 생각을 더 많이 하게 되는 현상을 흰곰 효과 또는 '**사고 억제의 역설적 효과**'라고 합니다.

생각은 우리 마음대로 되지 않습니다. 마음속에서 일어나는 일은 외부에서 일어나는 것과는 매우 다르기 때문입니다. 예를 들어 길을 걷다 바닥의 껌을 봤다고 상상해 봅시다. 바닥에 완전히 들러붙지도 않았고, 침이 마르지도 않은 상태로 진득한 질감이 느껴지는 걸 보니 누군가가 뱉은 지 얼마 안 된 모양입니다. 보기만 해도 불쾌감이 들고 '으… **신발에 붙으면 큰일 나겠는걸.**' 하고 생각하게 됩니다. 당신은 당연히 껌을 피해 가뿐히 발걸음을 옮길 것입니다. 이 껌을 혐오감을 주는 '**혐오 자극**'으로 인식했기 때문에 피하는 방법을 택한 것입니다. 이렇게 외부 세계의 혐오 자극은 회피하거나 그에 맞춰 반응하면서 해소할 수 있습니다.

반대로 마음속 세계는 어떨까요? 아무리 애를 써도 흰곰 생각을 피하기 어려웠던 실험 결과로 알 수 있듯, **우리의 마음 세계에서는 자극을 피할 방법이 없답니다.** 그것이 혐오 자극이라면 더더욱 그렇습니다. 사람은 불쾌하거나 생존을 위협한다고 느끼는 대상을 누군가 가르쳐주지 않더라도 자연스레 피합니다. 그래서 외부에서 혐오 자극이 나타난다면 회피하는 등의 방법으로 대응합니다. 그러나 우리의 마음속에 나타나는 혐오 자극(나쁜 생각, 힘든 기억, 싫은 사람을 떠올리는 것, 불안감 등)은 외부의 사건과 동일한 방법으로 해소하기 어렵습니다. 오히려 문제를 피하거나 지워버리려는 시도를 할수록 그것은 실제보다 더 거대해지며 두렵고 무시무시하게 느껴지게 됩니다. 이러한 이유로 심리적인 혐오 자극의 불쾌한 정도가 크면 클수록 '**떠올리지 말아야지.**' 하는 생각을 강하게 일으켜서 사고 억제의 역설적 효과가 더욱 강하게 나타납니다. 불쾌한 자극을 회피하려고 하면 그러한 자극이 해소되는 것이 아니라 더욱더 불쾌하게 인식되는 것이지요. 그렇게 커진 불쾌감은 '내가 겪지 말아야 할 것'으로 판단되고 그것을 피하기 위해 계속해서 많은 에너지를 쓰게 됩니다. 즉, 더 많은 회피는 더 큰 고통을 만들고, 더 큰 고통은 더 많은 회피로 이어지는 것입니다. 이렇게 고통스러움을 주는 경험(생각, 감정, 기억 등)을 바꾸거나 회피하려는 시도를 수용-전념 치료에서는 '경험 회피'라고 부릅니다.

저는 합격과 불합격이 좌우되는 면접에 관해 괴로움을 호소할 정도로 심각한 불안을 느꼈습니다. 전날까지는 잘만 공부하고 연습한 내용들이건만, 실제 면접 상황에서는 이상한 말만 하고 '모르겠습니다.'를 몇 번이고 외치고 나왔던 적도 있습니다. 원래 이렇게까지 심하지는 않았습니다. 대학 시절, 최종 면접에서 떨어지는 경험을 몇 번 반복하자 면접에 대한 불안이 가중되었습니다. 면접 전에는 늘 불안함에 몸을 떨었고 '불안하면 안 돼.', '긴장하면 안 돼.', '떨면 안 돼.'를 주문처럼 외웠습니다. 문제는 그렇게 했을 때 긴장이 줄어들기는커녕 심장이 터질 듯이 빠르게 뛰는 것이었습니다. 결국 중요한 면접 전에 구토를 3번이나 하고 기운이 다 빠진 채로 면접을 봤던 기억이 납니다. 불안함과 긴장감을 떨쳐내려는 시도가 오히려 더 큰 불안과 긴장으로 다가온 것입니다.

아마 저와 비슷한 경험을 가진 분들도 많을 것 같습니다. 이런 상황에서는 어떻게 하면 좋을까요? **외부의 혐오스러운 자극은 회피하거나 적절하게 대처하면 되었지만, 마음속의 혐오 자극은 그와는 다르게 접근해야 합니다.** 마음 혹은 머릿속의 불안과 고통을 온전히 받아들이는 '수용'을 해야 합니다. 부정적인 경험을 애써 긍정적으로 받아들이라거나 '좋은 게 좋은 거지. 그냥 넘어가.' 같은 것이 아닙니다. 불편한 마음조차도 있는 그대로 받아들이며 '**지금 내 마음이 이렇구나. 내가 이런 생각을 하고 있구나.**'를 느끼는 것입니다. 앞에서 경험 회피가 고통을 실제보다 더욱 괴롭게 느끼도록 만들고, 큰 괴로움을 피하는 데에 많은 에너지를 쓰게 된다고 이야기했습니다. 수용은 경험 회피에 쓰이는 에너지를 줄일 수 있게 해 줍니다. 또 보다 객관적인 관찰자의 입장에서 자신의 마음을 바라볼 수 있도록 도와주기도 합니다. 즉, 수용은 내가 가지고 있는 불편함을 더 잘 받아들이기 위한 것입니다.

저 역시도 불안함을 회피하려고 했을 때 불안함이 더욱 강해졌고 몇 차례의 불합격을 경험했습니다. 그래서 그다음 면접에서는 불안한 마음을 부정하거나 덮으려고 하지 않았습니다. 대신 몸의 떨림을 인식하면서 '나 떨고 있구나.', '나 불안한 마음이 드는구나.' 하고 받아들였습니다. 또 '그래! 떨리면 뭐 어때? 이왕 떨리는 거 더 떨어볼까?'라고 마음먹고 떨림을 온전히 느껴보고자 했습니다. 정말 신기하게도 떨리는 마음을 수용했더니 심박수가 현저히 낮아졌습니다. 떨림을 생각보다 무서워할 필요가 없다는 것도 느꼈습니다. 불안한 감정을 떨치는 데 에너지를 다 썼던 전과는 다르게 면접에도 훨씬 더 집중할 수 있었습니다. 같이 면접을 본 지원자분께서도 웃으면서 "정말 멋있었어요! 같이 면접 봐서 너무 좋은 시간이었어요. 합격하실 것 같은데요?"라고 해주셨고 실제로도 좋은 결과를 얻었습니다. 이렇게 나의 마음을 있는 그대로 받아들이는 태도는 우리의 삶을 더욱 생산적이고 활기차게 만들어 주기도 합니다.

저의 사례처럼 사회적인 상황에서의 불안뿐 아니라, 슬픔과 우울감도 마찬가지로 온전히 받아들일 수 있어야 합니다. 그렇지만 특히 한국 사회에서는 이런 감정을 부정하는 사람이 많은 듯합니다. 감정을 쉽게 드러내지 않는 문화이기도 하고, 전보다는 나아지고 있지만 여전히 슬픔과 같은 우울한 감정을 느끼는 사람은 약하다는 인식이 있기 때문인 것 같습니다. 하지만 표출되지 못한 감정은 사라지지 않으며 후에 더 큰 심리적 불편감을 불러일으킵니다. 그러니 감정을 부정하기보다는 충분히 받아들이는 것이 좋습니다. 울고 싶을 땐 마음껏 우는 것도 좋겠지요. 그렇게 내 마음을 바라보고 수용하는 것은 부정적인 감정을 느끼지 않기 위해 노력하는데 쓰였던 에너지를 지켜줄 수 있습니다. 이런 마음가짐은 심리 치료와 상담을 받을 때도 도움이 됩니다. 만약 우울감이나 심리적인 고통을 느끼지 않으려는 목적으로 심리치료와 상담을 받는다면, 그것은 되레 경험 회피로서 작용하게 됩니다. 그러나 나의 우울함과 고통스러운 마음을 온전히 받아들인다면 '내가 이 감정과 어떻게 잘 살아갈 수 있을까?'하는 마음으로 상담과 심리치료에 임할 수 있습니다.

우리의 삶에는 크고 작은 고통들이 있습니다. 어떤 고통은 사소해서 금방 잊히기도 하고, 어떤 고통은 너무나 커서 우리를 깊은 우울감에 빠뜨리기도 합니다. 이 괴로운 감정들과 생각들을 떨치기 위해 발버둥질하느라 스스로를 지치게 만들기보다는 '**어떻게 하면 내가 이런 감정과 함께 더 잘 살아갈 수 있을까?**'를 고민해 보셨으면 좋겠습니다. 당신이 현재와 앞으로의 삶에서 고통의 회피로 인해 더 큰 고통을 겪지 않았으면 하는 바람입니다.

고통이 한 마리의 커다란 흰곰처럼 우리의 생각을 잠식하지 않게 말이에요.

16

슬럼프 극복에도
때가 있다

슬럼프

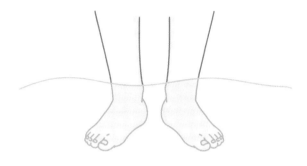

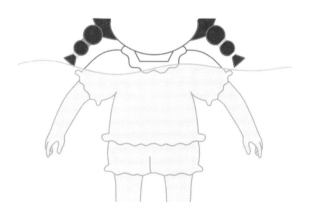

이제 슬슬 올라가 볼까?

예전에 상담학 수업을 들을 때 교수님께서 '정말 힘들거나 깊은 슬럼프에 **빠졌다면 그 바닥을 찍어 보라**'라고 말씀하셨는데요. 몇 년이 지난 지금도 슬럼프가 찾아올 때면 그 말씀이 강렬하게 떠오릅니다.

슬럼프는 하루아침에 '짜잔!'하고 나타나지 않습니다. 서서히 그리고 은밀하게 나를 좀먹지요. 그러다 완전히 잠식되는 순간 '아, 슬럼프에 **빠졌구나.**' 하고 깨닫게 합니다. 슬럼프에 빠지면 아무런 힘이 없어지고 세상만사에 무기력해집니다. 자신이 굉장히 보잘것없고 한없이 작게만 느껴지기도 하지요. 슬럼프에 빠졌다고 말하면 대부분은 하루빨리 극복하라고 말하거나 시도해 보라며 이것저것을 일러줍니다. 그런데 무기력함에 무작정 덤벼든다고 해서 정말로 슬럼프를 극복할 수 있을까요? 얕은 수준의 슬럼프는 어찌저찌 가능할 수도 있습니다. 하지만 슬럼프가 깊을수록 그 효과는 일시적이고, 여전히 슬럼프에 빠져 있는 스스로를 마주하게 해 결과적으로 마음을 더 지치게 만듭니다. 앞서 '부정적 감정의 고리를 끊자!'에서는 부정적인 마음을 회피하려고 할수록 더 큰 심리적 불편함을 경험할 수 있다고 말씀드렸습니다. 슬럼프도 마찬가지여서 벗어나려고 애쓸수록 더 큰 슬럼프에 빠지게 될 수 있습니다.

저는 한때 학업과 새로운 인간관계로 인해 슬럼프가 왔었는데, 이겨내려 했지만 잘되지 않아서 무기력에 사로잡혔습니다. 타이밍이 알맞게도 이때 교수님께서 바닥을 찍어보라는 말씀을 해주셨는데 그 말이 정말 새롭게 와닿았습니다. 이때까지 '힘내!', '이겨내야 해!'와 같은 뉘앙스의 말들을 들으면서 어떻게든 극복해야 한다는 압박감이 앞서는 반면 크게 달라지는 것이 없어 자책하고 번아웃을 느끼던 상황이었습니다. 그랬던 제게 바닥을 찍어보라는 말은 큰 위로로 다가왔습니다. 그때를 기점으로 온 마음으로 슬럼프를 인정하면서 받아들이기로 마음먹었습니다.

신기하게도 바닥을 치고 나면 어느 순간부터 자연스레 이제는 올라갈 때라는 생각이 듭니다. 애써 억지스럽게 이겨내려는 마음이 아닌, 마음 깊은 곳에서 진정으로 우러나오는 회복의 마음 말입니다. 더 이상 내려갈 곳이 없다는 것을 스스로 느끼기 때문일지도 모르겠어요. 그러니 슬럼프를 극복하려는 시도는 내 마음속의 슬럼프가 **'이쯤하면 잘 쉬었다.'**라는 신호를 보낼 때 하는 것이 좋습니다.

슬럼프는 앞으로도 삶 속에서 몇 번이고 당신을 찾아올 것입니다. 하지만 당신은 언제나 당신만의 방법으로 다시 헤엄쳐 올라갈 것입니다. 슬럼프가 다시 찾아온다면 당황하거나 겁먹는 대신 마음을 열고 가만히 받아들여 봅시다. 슬럼프가 왔다는 것은 그만큼 당신이 열심히 살고 노력했다는 증거이기도 하니까요. 슬럼프는 어쩌면, 그동안 수고한 당신에게 휴식이 필요하다는 것을 알리는 삐딱한 신호일지도 모릅니다. 틀림없이 다시 올라갈 당신이기에 조급해하기보다는 온전한 쉼을 가져 보았으면 좋겠습니다.

슬럼프에 빠진 소중한 당신에게

슬럼프가 찾아오면, 자연스레 온갖 부정적인 생각이 듭니다. 그런 생각에 뒤따르는 무력감과 무능감에 자신을 의심하게 되기도 합니다. 그러다 당신은 끝내 스스로를 비난하게 될지도 모르겠습니다. 혹시 지금 그러고 있나요? '나는 다른 사람들보다 비참해.', '나는 한심해.' 같은 어두운 생각으로 자신을 괴롭히고 있진 않을지 걱정입니다. 만약 그렇다면 잠시 주변을 둘러보고 눈에 띄는 물건 하나를 가리켜 보세요. 그리고 그 생김새를 자세히 관찰하는 겁니다. 어떤 재질이고, 모양과 색은 어떤지요. 그다음, 눈을 감고 방금 본 물건의 형태를 떠올리며 "나는 ○○(물건 이름)이야!"라고 외쳐 보세요. 카페에서 글을 쓰다 유리컵이 보였다면 **"나는 유리컵이야!"**하고 말하게 되겠지요? 그럼 질문 하나 드리겠습니다. 당신이 말한대로 정말 그 물건이 되었나요? 터무니없고 유치한 질문이지요? 당연히 그 물건이 되지 않았을 겁니다. 당신이 입고 있는 옷, 신고 있는 신발은 또 어떤가요? 당신의 몸을 감싸고 있다고 해서 그 옷과 신발을 당신이라고 할 수 있나요? 당신이 주변의 물건을 떠올리고 자신이 그 물건이라고 외친다고 해도 당신의 모습이 변하지 않은 것처럼, 당신을 둘러싸고 있는 감정과 생각 역시 마찬가지입니다. **'나는 다른 사람들보다 비참해.', '나는 한심해.'와 같은 생각을 하고 말을 내뱉을지라도, 그러한 생각과 말이 당신을 규정하는 것은 아닙니다.**

　삶에는 크고 작은 슬럼프가 찾아옵니다. 그럴 때는 잠시 온전한 쉼과 시간을 갖는 것이 중요하지요. 그런데 계속해서 바닥을 파고들면 불필요한 힘을 쏟게 되어 온전한 휴식에서 오는 힘을 받기 어려워집니다. 부정적인 생각을 절대 하지 말라는 의미는 아닙니다. 그러한 생각을 당신 자체로 여기고 스스로를 비난하지 말았으면 좋겠다는 것입니다. 그러기 위해선 부정적인 생각과 자신을 **분리**하는 것이 좋습니다. 예를 들어, '나는 한심하고 무능하다.' 대신 '나는 무력감을 느끼고 있다.'라고 바꾸어 생각하는 것이죠. 내가 한심하고 무능한 게 아니라, 지금 나에게 무력감이라는 감정이 찾아왔다고 생각하는 겁니다. 실패는 경험의 결과 중 하나일 뿐, 나라는 존재 자체의 실패가 아닌 것과 마찬가지입니다.
　마지막으로 '나는 이겨낼 수 없어.', '불가능해.'와 같은 생각의 이면에 당신이 이루고 싶은 성취나 원하는 것들이 있지는 않은지 생각해 보셨으면 합니다. 내가 다른 사람들보다 비참하다는 생각 역시 마찬가지입니다. 이 말의 이면에 존재하는 것은 보다 나은 사람이 되고 싶다는 마음이겠지요. 부정적인 생각을 신호로 알아차리고, 자신이 진정으로 원하는 것을 발견하며 조금씩 실현하는 기회로 삼았으면 좋겠습니다.

삶은 그 자체로 여정이라고 하지요. 이 기나긴 여정 속에서 지치는 것은 무척이나 당연합니다. 그럴 때 스스로에게 "한심한 자식! 네가 지치면 안 되지! 그럴 자격이나 있어? 빨리 일어나!"라고 소리치는 대신 지친 자신에게 물을 건네며 **"여기까지 오느라 수고 많았어."**라고 다독이는 것이 어떨까요?

17

타인의 시선,
과거에 얽매이지 않으려면?

걱정 흘려보내기

가끔 생각이 많아질 때

생각은 걱정으로 향하고

걱정은 꼬리를 물고 더 큰 걱정을 만들어 내죠.

마음은 점점 초조하고 불안해집니다.

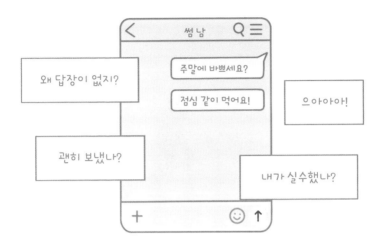

걱정돼서, 그 일이 일어나지 않았으면 해서,
여러 가지 이유로 걱정을 시작한 건데

왜 해결되는 것도 없이
걱정은 깊어지고 늘어만 가는지

걱정으로 인해 더 큰 걱정을 하고 있는 내가
좀처럼 잘 이해되지는 않지만

또 이런 걱정들을 안 하기는 쉽지 않고…
도대체 어떻게 해야 할까요?

🍎 　아래 항목 중에서 내가 통제할 수 있는 것에 동그라미를 쳐
보세요.

1. 누군가가 나를 싫어하거나 좋아하는 마음을 갖는 것

2. 내가 타인에게 하는 말과 행동

3. 이미 일어난 일 혹은 과거의 사건

4. 앞으로의 목표를 정하고 계획하는 것

5. 타인의 생각, 감정, 행동

6. 내가 무언가를 이루기 위해 노력하는 것

7. 타인이 내 마음을 완벽하게 알아주는 것

8. 내가 원하는 것을 얻기 위해 하는 행동

9. 나에게 일어나는 외부의 행운

10. 행운을 잡기 위해 내가 가능성을 열어놓는 것

11. 타인이 나를 좋아하는 정도

12. 타인에게 친절과 배려를 베푸는 것

13. 과거에 했던 행동

14. 과거를 반성하며 행동을 고쳐나가는 것

홀수 번호는 내가 통제할 수 없는 것들이고, 짝수 번호는 내가 통제할 수 있는 것들입니다.

적정 수준의 걱정을 하면서 그에 알맞은 행동을 하는 것은 문제 해결에 도움이 됩니다. 이를테면 시험 점수가 걱정되어 공부해서 좋은 성적을 얻는 것처럼 말이죠. 오히려 걱정이 아예 없다면 일의 효율이 떨어지거나 지나치게 낙관적이고 나태한 삶을 살게 될 수 있습니다. 하지만 걱정이 과하거나 해결할 수 없는 문제에 끊임없이 매달리는 것 또한 능률을 떨어뜨리고 큰 심리적 불편감을 줍니다. 지나간 일에 대한 후회와 걱정, 타인이 나를 바라보는 시선 등은 우리를 불안하게 만드는 단골 불청객입니다. '그 사람이 나를 안 좋아하면 어떡하지?', '그 사람의 마음은 어떨까?', '내가 그때 대체 왜 그랬지?'와 같은 것들 말이지요. 하지만 걱정을 해서 그 걱정이 사라졌나요? 아마 아닐 것입니다. 걱정을 계속하다 보면 걱정이 줄어드는 게 아니라 오히려 가중되는 것을 느꼈을 겁니다. 심지어 걱정에 뒤따르는 두려운 감정이나 생각은 우리를 더욱 불안하게 만들기도 합니다. **분명히 해야 할 점은 타인과 지나간 과거는 내가 통제할 수 없다는 것입니다.** 나의 노력으로 어떻게 할 수 없는 영역이지요. 타인의 눈치를 많이 보는 사람을 위해 '타인의 시선'에 관해 말하려 합니다.

'바람'이라는 단어를 보면 어떤 생각이 드나요? 시원하게 부는 바람이 떠오를 수도 있고, 누군가는 연인 관계 사이에서의 바람이, 또 누군가는 무언가 이루어지기를 기다리는 마음의 바람이 떠오를 수도 있겠습니다. 저는 '자유'가 떠오르더군요. **이렇게 같은 단어를 보고도 떠올리는 생각이 서로 다른 이유는 모두 자신만의 '생각의 틀'로 세상을 바라보기 때문입니다.** 생각의 틀은 경험과 지식이 축적되어 만들어지는데, 각자 다른 삶을 살기 때문에 생각의 틀도 사람마다 다릅니다. 이렇게 형성된 생각의 틀을 통해 대상을 바라볼 때 기존에 더 많이 학습되어 익숙하거나 기억에 남는 강렬한 이미지를 떠올리게 됩니다. '바람'이라는 단어는 하나인데 각자 다른 걸 생각하는 것처럼 말이죠.

타인에 관한 생각도 마찬가지입니다. 누군가가 우리를 실제 모습과는 다르게 바라보고 해석한다면 그건 상대방이 가진 생각의 틀이 그런 것입니다. **다른 사람이 나에게 갖는 생각과 느낌은 내가 통제할 수 있는 것이 아니고, 설령 그 사람이 나에 대해 안 좋은 느낌을 받았다고 해도 어쩔 수 없습니다.** 어찌할 수 없는 것을 통제하려고 하면 기분도 안 좋아지고, 행동 또한 위축되어 소극적으로 변하게 될 수 있습니다. 나에 관한 안 좋은 생각이 괴롭힘의 행위로 나타난다면 그때 대처 방법을 생각하면 됩니다. 그게 아니라면 너무 상처받지 않으셨으면 좋겠습니다. 당신은 그 자체로 온전하니까요.

과거의 일 또한 마찬가지입니다. 이미 지나간 일을 돌이킬 수 없다는 것은 모두가 아는 사실입니다. 그럼에도 지나간 일을 계속해서 신경 쓰게 되는 까닭은 그만큼 후회스럽고 여러 감정이 들기 때문이겠지요. 하지만 계속해서 과거를 곱씹으면 현재를 살아갈 힘이 고갈되어 스스로를 현재에서 고립시키게 될 뿐입니다. 많은 사람이 위로를 할 때 자주 범하는 실수가 있습니다. 과거의 일을 하소연하는 사람에게 "그때 좀 잘하지 그랬어.", "~했어야지!" 등의 말들을 하는 것입니다. 물론 상대를 걱정하는 안타까운 마음에 그랬겠지만 이런 말들은 듣는 사람에게 더 큰 후회와 죄책감을 불러일으키기 때문에 조심하는 것이 좋습니다. 대신 현재 할 수 있는 일을 함께 생각해 주는 것이 좋겠죠. 통제할 수 없는 과거는 흘려보내고, 지금 더 나은 선택을 할 수 있도록요. 이미 지나간 때는 어떻게 할 수 없어도, 과거를 통해 배우며 새로운 행동을 계획할 수는 있습니다.

타인의 시선과 과거에 대한 걱정으로 예를 들어 봤는데요, 실제로 통제할 수 없을 것을 깨닫고 그것을 흘려보냈을 때 불안 수준이 판연히 내려간다고 합니다. 그런데 조금 헷갈릴 수 있는 것이, 앞서 '부정적 감정의 고리를 끊자!'에서는 불안과 같은 부정적인 생각과 감정은 회피하지 말고 수용하라고 했습니다. 이에 이렇게 질문할 수도 있을 것 같습니다. "통제할 수 없는 걱정을 흘려보내는 것은 회피 아닌가요?"라고 말이죠. 흘려보내기는 회피와는 전혀 다릅니다. **회**

피란 그것을 아예 느끼지 않으려고 억제하거나 피하는 것입니다. 마음속에서 일어나는 부정적인 경험들을 회피하려고 하면 그것이 더욱 강하게 다가온다고 했지요. 그렇다면 통제할 수 없는 것에 대한 걱정을 지속하는 것은 어떤가요?

통제할 수 없는 것에 대한 걱정을 지나치게 많이 하다 보면 그에 따른 불안감이 더 커지게 됩니다. 걱정을 계속 붙들고 있음에도 해결되는 것은 없고 불안만 커진다는 것은 무언가 잘못되고 있다는 증거겠지요. 계속해서 걱정과 불안이 가중되는 이유는 무엇일까요? 바로 걱정을 통제하고 싶은 마음이 자리 잡고 있기 때문입니다. 걱정이 많은 사람들은 대개 자신을 위협하는 것을 통제해야 한다고 느끼는 동시에 자신은 그러한 것을 통제할 능력이 부족하다고 생각한다고 합니다. 그래서 현실적인 노력을 하기보다는 통제할 수 없는 걱정을 하는 데 집착하는 것이지요. 하지만 통제할 수 없는 것을 지나치게 걱정하다 보면 해결할 수 없음에 불안함을 느끼고, 불안하지 않기 위해 또 걱정을 하고, 그 결과 더 불안해집니다. 즉, 통제할 수 없는 것에 대한 '걱정'에 집착하는 것이 어쩌면 또 다른 회피로 이어질 수도 있는 것이지요. 그러다 보면 오히려 실제로 노력을 기울여야 하는 것들에 소홀해질 수 있습니다. 그렇기에 때로는 통제할 수 없는 대상을 받아들이고 흘려보낼 수 있어야 한다는 것입니다. 통제할 수 없다는 사실을 받아들이는 것은 회피가 아닌 용기입니다.

이렇게 통제할 수 없는 것을 분명히 받아들이고, 통제할 수 있는 일에 전념하는 것은 우리의 삶을 좀 더 생산적으로 이끌어 줍니다. 만약, 당신도 그동안 통제할 수 없는 것을 걱정하면서 힘을 소비했다면, 이제부터는 통제할 수 있는 것에 집중해 보면 어떨까요?

효율적으로 걱정하기

1. 지금 내가 가진 고민과 걱정거리를 모두 적어보세요.

....

....

....

2. 적은 내용을 통제할 수 있는 것과 통제할 수 없는 것으로 나누어 보세요.

....

....

....

3. 나의 머릿속 걱정거리를 적어 놓고 통제할 수 없는 것들에는 과감히 빗금을 그어 봅시다.

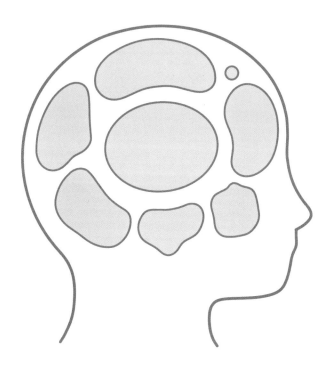

18

불확실함 속에서
내 삶의 가치 추구하기

삶의 가치

한 치 앞도 모르는 미래,
불확실한 상황 속에서 내가 점점 작아지는 것 같아요.

이런 느낌은 선택을 해야 할 때에
유독 강해지는 것 같습니다.

① _____
② _____
③ _____
④ _____
⑤ _____

할까?   말까?

Yes or No

STOP?   GO?

선택의 결과를
내가 책임져야 한다는 것이 부담스럽고,

이 선택이 혹여 나에게
독이 되진 않을까 걱정되고,

이런 불안함은 나를 주저하고 망설이게 하죠.

도망치고 싶게 만들기도 하고요.

그러나 문제는 어렵게 선택을 마쳐도

언제 그랬냐는 듯,
또다시 선택의 순간이 찾아온다는 겁니다.

불확실한 순간에서 자꾸만 작아지는 나,
왜 이렇게까지 불안해하는 걸까요?

삶은 선택의 연속입니다. 나이가 들수록 선택할 것이 더 많아지고 그 무게 역시 점점 느는 것 같습니다. 선택에는 '대가'가 따른다는 것을 알게 된 후로부터 무언가를 선뜻 택하기가 두렵고 불안합니다. 우리는 불안할 때 여러 신체적 반응을 겪습니다. 심장이 빠르게 뛰기도 하고 온몸이 조여 오는 느낌을 받기도 합니다. 심한 경우 잠을 자거나 숨을 쉬기도 어렵습니다. 이렇다 보니 불안은 우리를 위협하는 존재처럼 느껴지기도 합니다. 하지만 불안이 나쁜 것만은 아닙니다. 불안은 우리를 '**보호**'해 주는 역할도 하기 때문입니다. 예를 들어, 횡단보도를 건너는 상황을 상상해 봅시다. 양옆을 살피고 신호가 빨간불로 바뀌기 전에 건너가지요. 이러한 행동은 위험에 대한 불안이 느껴졌기 때문에 나타나는 것입니다. 그래서 **불안을 아예 느끼고 싶지 않다는 것은 어떻게 보면, 나를 위험으로부터 보호하고 싶지 않다는 뜻**이기도 합니다.

그러나 불안이 우리에게 항상 도움이 되는 것은 아닙니다. 오히려 때로는 우리가 원하는 삶으로부터 멀어지게 만들기도 합니다. 그 이유에는 여러 가지가 있겠지만, 이 챕터에서는 불안을 '**선택의 순간**'과 관련지어 이야기해 볼까 합니다. 불안은 대개 특정 대상이 자극으로 다가와 유발됩니다. 이 경우에는 선택에 따르는 결과의 불확실함이 불안을 일으킨다고 볼 수 있겠지요. 이러한 불확실함이 모두에게 부정적으로 받아들여지는 것은 아닙니다. 누군가에게는 불확실함이 기대감과 흥미를 불러일으킬 수도 있습니다. 그러나 반대로 불확실함이 위협적이거나 부정적으로 다가온다면 **무언가를 선택해야 하는 순간**이 자극이 되어 큰 불안감을 느낄 수 있습니다. 이는 누구나 느낄 수 있는 자연스러운 감정으로, 때로는 우리를 신중하게 만듭니다. 하지만 이 불확실에 대한 불안이 과도해서 잠을 잘 못 잔다거나 중요한 일을 미루게 되는 등 일상생활에 지장이 있다면 조금 더 살펴볼 필요가 있습니다.

불확실함 속에서 선택을 해야 하는 순간에 불안을 느끼는 좀 더 깊은 이유가 무엇일까요? 아주 당연하고 표면적인 이유는 '선택을 잘하고 싶어서'겠지요. 선택을 잘하고 싶은 이유는 사람마다 굉장히 다양할 것입니다. 후회하지 않고 싶어서일 수도 있고, 잘해내고 싶어서 또는 안전한 선택을 하고 싶어서일 수도 있겠지요. 앞에서 '불안'은 우리를 위험으로부터 보호하는 역할을 한다고 했습니다. 마찬가지로 선택의 순간에서 느끼는 불안은 불확실함 속에서 스스로를 지키고자 작동하는 것이기도 합니다. 그러니 불확실한 상황 속에서 불안이 올라온다면, 이렇게 한번 생각해 보면 좋겠습니다. '네가 이렇게 울리는 걸 보니, 무언가 걱정이 되나 보구나?'하고 따스하게 말을 건네는 것입니다. 다음으로는 진정으로 내가 원하는 것을 생각해 보는 것입니다. 불안 이면에는 우리가 추구하는 것이 숨어 있기 때문이지요. 불안이 작동하는 원리를 역으로 이용해 내가 진정으로 추구하는 삶의 가치는 무엇인지 생각해 볼 수도 있을 것 같습니다. **삶의 가치를 보다 명확하게 떠올린다면** 선택의 순간에 보다 전념할 수 있겠지요.

'삶의 가치'란 '내가 원하는 삶의 방향'입니다. 가치가 분명하지 않다면, 삶 속의 선택에 있어서 크게 방황할 수도 있습니다. 아무것도 그려져 있지 않은 흰 도화지를 상상해 보세요. 아마 시선이 이곳저곳으로 분산될 것입니다. 그리고 이제는 흰 도화지 가운데에 점이 하나 찍혔다고 생각해 보세요. 바로 시선이 점으로 모이게 됩니다. **'삶의 가치'는 삶에서 초점을 맞추게 해 주고 활력을 불어넣어 줍니다.** 불확실한 선택의 상황에서도 내 삶의 가치를 떠올리는 것이 선택에 도움이 될 수 있지요. 나의 행동과 선택이 방향성을 잃은 것 같을 때에도 삶의 가치를 꺼내 보면서 초심으로 돌아갈 수도 있습니다.

이런 삶의 가치를 설정할 때 고려해야 할 몇 가지 중요한 점이 있습니다. **우선 첫 번째로, 삶의 가치와 목표를 구분해야 합니다.** 우리는 흔히 '의사 되기', '상담자 되기'처럼 직업 자체를 삶의 가치라고 오해하는 경우가 많습니다. 하지만 이는 그러한 직업을 가지게 되었을 때에 종결됩니다. 삶의 가치는 이렇게 끝이 있는 목표와 달리, 내 인생에 걸쳐 지속되는 것입니다. 가치는 목표보다 더 큰 개념이며, 목표는 가치를 실현하기 위해 거치는 수많은 단계라고 생각하면 될 것 같습니다. 직업은 삶의 가치는 아니지만, 삶의 가치를 실현하기 위한 목표가 될 수는 있지요. 예를 들어 '여행하며 다양한 삶의 모습 배우기'가 삶의 가치인 사람에게는, 직장이 가치를 실현하는 데 사용할 돈을 마련하기 위한 목표로 작용할 수 있습니다. 이렇게 목표는 내가 원하는 삶의 방향으로 나아가는 과정의 일부입니다. 그러니 때로는 목표를 이루지 못하더라도 내 삶의 가치가 무너지는 것은 아닙니다.

두 번째로 삶의 가치에는 감정이 들어갈 수 없습니다. 감정은 손바닥 뒤집듯 시시각각 변하는 것이기 때문입니다. 가치를 '행복한 사람 되기'라고 하면, 슬픔이나 불안과 같은 감정을 느끼는 상황에서 가치의 중심이 쉽게 무너질 수 있습니다. 감정은 추구해야 할 것이 아닌 가치를 실현하는 과정에서 느껴지는 것입니다.

마지막으로, 삶의 가치는 타인의 평가에 얽매이지 않고 진정으로 내가 원하는 것이어야 합니다. 우리는 때로 다른 사람들에게 인정받기 위해 내가 원래 실현하고자 했던 것을 접어두거나 부정하게 될 수 있습니다. 그러나 타인의 평가를 신경 쓰다 보면 내가 진정으로 실현하고자 하는 가치가 무엇인지 방황하게 됩니다. 불확실한 선택을 하는 상황에서도 '이걸 선택하면 인정받을 수 없을 텐데.'와 같은 생각으로 망설여질 수도 있습니다.

　삶의 가치를 떠올렸다면, 그것을 향해 나아가는 노력을 해 봅시다. 내가 원하는 삶의 방향에 초점을 두고, 그곳을 향해 나아가는 것입니다. **그러나 가치를 향한 과정은 마냥 쉽지만은 않을 수도 있으며, 때로는 험난하게 느껴질 수도 있을 것입니다.** 누군가의 비난을 받을 수도 있고 스스로를 의심하며 불안해할 수도 있습니다. 그러나 그것이 가치를 향한 과정 속에 있다면, 이제는 마음껏 불안하려 합니다. 이전에는 평가가 두려워서, 나에게 실망할까 봐 선택을 피하고 다른 길로 향했을지도 모릅니다. 하지만 피하기만 해서는 진정으로 원하는 삶에 다가갈 수 없습니다. **불안 없는 삶은 존재하지 않습니다. 불안해도 기꺼이 하는 것.** 이처럼 불확실함에 대한 불안은 '**그럼에도' 앞으로 나아가는 것**입니다. 선택에 대한 불안 역시 마찬가지입니다. **우리의 삶의 가치로 나아가기 위한 과정에서** 느껴지는 것일 뿐이지요. 그리고 사실 선택보다 중요한 것은 선택 이후의 행동입니다. 내가 나의 선택을 어떻게 받아들이고, 그러한 선택을 어떻게 활용할 것인지 말입니다. 그러니 이것이 올바른 선택일지, 후회 없는 선택일지 불안해하기보다는 내 삶의 가치에 다가가는 선택인지를 먼저 생각하고 최선을 다하는 것이 보다 중요하다고 할 수 있지요. 불안 때문에 원하는 삶에서 멀어지는 것이 아닌, 불안해도 원하는 삶으로 다가갈 수 있기를 바라겠습니다.

WORK SHEET

내 삶의 가치 탐색하기

1. 내 삶의 가치는 무엇인가

내가 삶에서 중요하게 생각하는 것은 무엇입니까?

....

....

나는 어떤 삶을 살아가고 싶나요?

....

....

후에 나는 어떤 사람으로 기억되고 싶나요?

예) 참 따뜻한 사람이었지, 같이 있으면 참 즐거웠어, 배울 점이 정말 많은 사람이었는데

....

....

위의 내용을 종합해서 내 삶의 가치를 적어봅시다. 가치는 내가 계속해서
실현해 나갈 수 있는 것이어야 합니다.

예) 따뜻한 도움을 주는 사람 되기, 곁에 있는 사람들을 즐겁게 해주는 사람 되기, 좋은
부모 되기

....

....

2. 가치와 목표 한눈에 보기

앞에서 '가치'를 흰 도화지에 찍힌 점 하나로 비유했었죠. 다음 장의
커다란 네모를 '흰 도화지'라고 생각하고 가운데 네모에 당신의 가
치를 적어 보세요. 남은 여백에는 가치를 실현하기 위해 필요한 목
표들을 적어 보세요. 예를 들어 '따뜻한 도움을 주는 사람 되기'가 삶
의 가치라면 목표는 따뜻한 글 쓰기, 상담자 되기, 작가 되기, 기부하
기 등이 될 수 있겠죠.

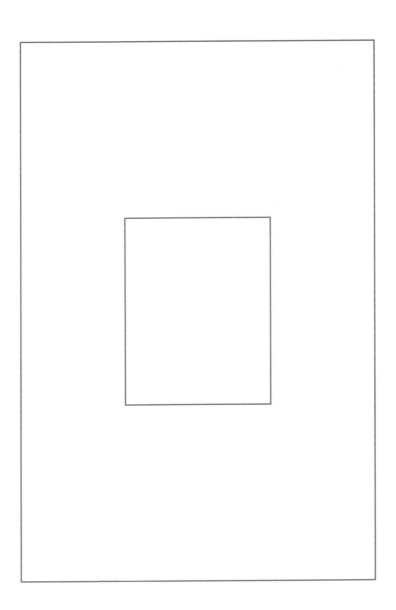

19

'나다움'이란
무엇일까?

나다움

삶에서 내가 주인공이 아닌 것 같은 때가 있어요.

분명 바쁘게는 살고 있는데

누군가 이런 나에게
잘 살고 있냐고 물어본다면

한숨을 푹 내쉬며
"사는 게 다 똑같지 뭐."라고 할 것 같아요.

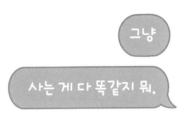

잘살기 위해 물질적인 것을 추구하고,
그 과정에서 다른 사람들을 의식하고,

이런 상황이 반복되다 보니
내 삶에서 내가 차지하는 부분은 텅 빈 것 같아요.

예전에는 바쁘게 살고 돈을 잘 벌면
잘 사는 것이라 생각했는데,
요즘은 그건 또 아니라는 생각이 드네요.

나는 대체 무엇을 쫓다가
내 삶을 놓쳐버린 걸까요?

과연 내 삶에도 언젠가 내가
주인공이 되는 날이 올까요?

♛ 당신은 '나답게' 살고 있나요?

　남에게 맞춰 사느라 자신의 삶을 살지 못하거나 혹은 자신이 진정으로 원하는 것이 무엇인지 몰라서 자신이 원하는 삶과 다르게 살고 있는 경우가 많습니다. 그래서 나답게 살고자 하는 사람들이 점점 늘어가는 것 같아요. 그렇지만 '나다움'이라는 게 추상적이고 분명하지 않아서 실현하기가 막막하게 느껴질 수도 있습니다. '나답다는 건 무엇이고 나답게 산다는 건 어떤 의미일까?'라는 물음에 쉽게 답변하자면, '나다움'은 자신에게 솔직한 것이라고 할 수 있습니다. 그러니 나답게 산다는 것은 곧 자신에게 솔직한 삶을 사는 것이라고 할 수 있겠지요. 이 솔직함을 우리의 '**욕구**'와 관련지어 설명하려고 합니다. 즉 자신의 욕구를 잘 알아차리고, 이러한 욕구를 충족하면서 살아가는 것이 '**나다움**'이라고 할 수 있습니다.

욕구 그리고 나다움에 대해 심리학자 윌리엄 글래서^{William Glasser}가 창시한 현실치료 이론을 바탕으로 설명하려고 합니다. 욕구는 우리가 바라거나 원하는 것, 혹은 필요로 하는 것이라고 쉽게 설명할 수 있습니다. '식욕이 많다.'를 예로 들면, '먹고 싶은 욕구가 많다.'로 해석할 수 있겠지요. 이러한 욕구는 우리의 행동을 이끕니다. 배가 고프다면 식사하는 행동을, 타인과의 연결감을 느끼고 싶다면 사교 모임에 가는 행동을, 지식을 채우고 싶으면 독서를 하는 행동을 선택하는 것처럼 말입니다. 욕구는 인간에게 있어서 가장 기본적인 것이라고 할 수 있지요. 윌리엄 글래서는 우리에게는 5가지 기본적인 욕구가 있다고 했습니다.

- **생존의 욕구:** 의식주를 비롯한 개인의 생존과 안전을 위한 신체적 욕구를 의미. 먹고 마시고 휴식하고, 병을 이겨내는 것
- **사랑과 소속의 욕구:** 다른 사람과 연결감을 느끼며 애정을 주고받고, 집단에 소속되고자 하는 욕구. 애인, 친구, 애완동물 등을 통해 충족
- **힘(성취)의 욕구:** 성취를 통해 자신에 대한 유능감과 가치감을 느끼며 힘과 권력을 추구하려는 욕구
- **자유의 욕구:** 자율적인 존재로 자유롭게 행동하고자 하는 욕구
- **즐거움(재미)의 욕구:** 즐겁고 재밌는 것을 추구하며 새로운 것을 배우려는 욕구. 웃음, 농담, 운동, 독서 등을 통해 충족

권석만. 현대 심리치료와 상담이론 : 마음의 치유와 성장으로 가는 길. 학지사. 2012.
p. 386-387에서 인용

5가지 욕구의 정도는 사람마다 다를 수 있습니다. 어떤 사람은 다른 욕구들에 비해 사랑과 소속의 욕구가 좀 더 강한 반면 어떤 사람은 힘의 욕구가 조금 더 강할 수도 있지요. 앞서 말한 것처럼 욕구는 우리의 행동을 이끕니다. 스스로의 욕구를 충족시키기 위해 행동을 선택하며 나다운 삶을 살아가려 하는 것이지요. 그런데 여기서 조금 의문이 생길 수도 있을 것입니다. **힘의 욕구가 강해서 크게 성공하기 위해, 혹은 막대한 돈을 벌기 위해 다른 사람을 희생하게 하는 것은 나다움을 실현하는 것일까요? 자신의 힘을 과시하기 위해 누군가를 상처 입히고 때리는 것도 나다움이라고 할 수 있을까요?** 현실 치료에서는 그것을 진정한 나다움이 아닌 '**불행**'이라고 칭합니다.

윌리엄 글래서는 많은 사람들이 불행해지는 이유를 5가지 기본 욕구를 책임감 있게 효율적인 방법으로 충족시키는 데 실패했기 때문으로 보았습니다. 특정 욕구를 강렬하게 만족시키려다 다른 욕구들을 중요하게 다루지 않은 결과라는 것입니다. 그리고 자신의 만족을 위해 다른 사람의 욕구를 무시하고 해를 입히는 것 역시 불행이라고 했습니다. 그 이유는 글래서가 '**사랑과 소속의 욕구**'를 가장 중요하게 생각했기 때문입니다. 긍정적인 인간관계는 다른 모든 욕구를 만족시키는 바탕이 됩니다. 나다운 삶을 살기 위해서는 사람들과의 관계 속에서 '좋은 시간'을 경험하는 것이 중요하다고 할 수 있겠지요. 그런데 다른 사람에게 피해를 주면서까지 자신의 욕구를 과도하게 충족하고자 한다면 사랑과 소속의 욕구를 만족스럽게 다루지 못하게 됩니다.

　누굴 괴롭히거나 다른 사람을 힘들게 했던 사람들이 잘나가거나 사기를 쳐서 떼돈을 버는 모습을 보면 회의감이 들 때가 있습니다. 남에게 해를 끼치지 않으려고 나름대로 노력을 하며 살아온 스스로가 손해 보는 것 같은 느낌도 들고요. 하지만 **힘들더라도 남에게 해를 끼치지 않으면서 사는 것은 적어도 잘못된 삶은 아니라는 것을 말하고 싶습니다.** 반대로 남에게 해를 끼치며 자신의 욕구를 충족시키려는 사람들은 피해보는 것이 없어 보여도 건강하지 못한 삶을 살고 있다는 것도 말입니다. 누군가를 해하는 일은 상대뿐 아니라 자신에게도 해가 됩니다. 한순간의 행동으로 잠깐 얻는 것보다 영구적으로 잃는 것이 훨씬 많아집니다. 그것은 진정으로 자신이 원하는 삶이 아니었을 것입니다.

　'**중독**'도 마찬가지입니다. 강렬하고 일시적인 즐거움을 얻기 위한 중독 행동은 만성적인 불행을 초래합니다. 이를 현실치료에서는 '**부정적 중독**'이라고 합니다. 분명 지금의 세대는 예전과 비교했을 때 물질적으로 많이 풍요로워진 것이 사실입니다. 그런데 왜 이렇게 마음이 힘든 사람들이 늘어만 가는 걸까요? 아마 경쟁과 상승만을 중요시하는 사회가 불러온 부작용이 아닐까 싶습니다. 누가 더 인정받나에 관한 평가는 우리의 마음속에 자리잡아 큰 상대적인 박탈감을 느끼게 합니다. 상대적 박탈감은 현재 내 삶에서의 즐거움을 찾게 하기보다는 만족스럽지 못한 자신의 삶에서 도피해 쾌락을 좇게 만듭니다. 한순간에 즐거움의 욕구를 충족시킬 수는 있겠지만 그 정도가 너무 강렬해서 다른 욕구들을 좌절시킬 수도 있다는 것이 문제입니다. 일시적인 쾌락을 얻기 위해 중독에 빠지면 몸과 정신 건강이 나빠집니다. 애정과 신뢰를 주고받지 못하게 되고 공허감을 채우기 위해 중독에 더욱 깊이 빠지게 됩니다. 이러한 행동은 얼핏 자유로워 보일 수 있으나 중독이 삶을 점차 지배하게 되어 '자유'에 대한 기본적 욕구도 위협받게 됩니다. 약물, 술, 섹스, 도박 등의 중독은 우리를 일상의 괴로움에서 벗어나게 해주는 탈출구처럼 느껴질 수 있지만 오히려 우리를 만성적인 불행으로 이끄는 덫과 같습니다. 진정한 '나다움'과도 멀어져 가겠지요. 만약 자신이 중독에 빠진 것 같이 느껴진다면 내가 진정으로 원하는 삶은 과연 무엇이었는지를 생각해 봐야 합니다. 그 과정에서 나는 어떤 욕구를 무시하고 있는지도요.

나의 '좋은 세계' 그리기

우리 안에 있는 5가지 욕구를 모두 적절하게 충족시키면서 '나다움'
을 실현하기 위해서는 당신만의 '**좋은 세계**'를 떠올려 보면 좋습니
다. '**좋은 세계**'란 말 그대로, 당신에게 만족스러움을 가져다주는 세
계를 말합니다. 여기에는 당신이 함께하고 싶은 사람들, 되고 싶은
것, 경험하고 싶은 것, 갖고 싶은 것 등 다양한 것들이 포함될 수 있
습니다. '좋은 세계'를 들여다보는 것은 당신의 욕구를 알아보기 위
함이니, 다음을 읽고 순서대로 잘 따라오길 바랍니다.

나의 '좋은 세계'를 그려 봅시다!

step 1 지금의 나는 어떨 때 가장 만족스럽나요?

step 2 누구와 함께하고 싶은지, 무엇을 가지고 싶은지,
무엇을 하고 싶은지를 구체적으로 떠올려 보세요.

step 3 지금까지 떠올린 것을 바탕으로,
내가 원하는 삶을 그림으로 표현하고
제목을 지어 보세요.

〈 제목 :   〉

_____

1. 누구와 함께하고 싶은가요?

2. 무엇을 가지고 싶은가요?

3. 무엇을 하며 살고 싶나요?

좋은 세계를 그려보니 어떤가요? 당신에게 '어떤 삶을 살고자 하는 마음이 있었는지' 어렴풋이라도 깨닫게 되는 시간이었길 바랍니다. 다음으로 알려드릴 것은 '좋은 세계'를 바탕으로 '나다움'을 건설적으로 실현하기 위해 숙지해야 할 3가지입니다.

첫 번째로 **책임감 있는 태도**입니다. 삶에 주인의식을 가지고 욕구 충족을 위해 선택한 행동에 책임을 지는 것입니다. 두 번째는 **현실을 직면하는 태도**입니다. 욕구를 충족하는 방법은 현실적이어야 합니다. 간혹 타인과의 비교와 타인의 평가에 너무 시달리게 되면 비현실적으로 이상적인 세계에 빠지기도 하는데 이는 오히려 현재의 행복을 방해할 수도 있습니다. 자신이 주인공인 삶을 꾸리기 위해 어떤 것을 할 수 있을지 고민하고 나아가야 합니다.

예전에 라오스에 미술 교육 봉사를 하러 갔을 때 아이들이 색연필만 보고도 무척 행복해하던 모습이 생생합니다. 그 모습을 보고 그동안 '너무 이상적인 것만을 행복이라 여기지는 않았나' 하고 반성하게 되었습니다. '행복의 기준을 너무 높게 잡지 말 것, 남과 비교하며 좌절에 빠지지 말 것'을 명심했으면 좋겠습니다. 내가 원하는 삶으로 나아가기 위해 나에게 주어진 것을 생각하는 것도 행복일 수 있습니다. 동시에 욕구를 충족할 수 있는 현실적인 방법을 찾아내는 것 역시 중요합니다. 예를 들어 휴식을 취하고 싶다고 해서 내가 맡은 모든 일들을 내버려 두고 갑자기 여행을 떠나는 건 현실과 동떨어진 방법이겠지요. 나의 욕구와 현실을 절충하는 것이 중요합니다.

세 번째는 **옳고 그름을 따지는 태도**입니다. 다른 사람에게 해가 되지 않는 방법을 선택할 수 있는 도덕적 판단력이 필요합니다. 나의 욕구를 충족시키는 과정에서 피해받는 사람이 생긴다면, 그것은 '나다움'이 아니라 '나의 욕심'입니다.

간혹 타인의 부정적인 평가가 두려워서 '나다움'을 실현하는 데 큰 어려움을 느끼게 될 수도 있습니다. 그러나 **그들은 나의 인생에서 지나가는 조연일 뿐, 주인공은 나입니다.** '어쩔 수 없었던' 행동조차도 실은 내가 선택한 것입니다. 이런 말이 냉정하게 느껴질지도 모르겠습니다. 하지만 반대로 생각하면 스스로 **더 나은 선택을 했을 때 우리의 삶을 보다 주체적이고 긍정적으로 이끌어 갈 수 있다는** 것입니다. 그렇게 모두 '나다움'을 향해가는 과정을 함께 걸었으면 좋겠습니다. 어떤 삶을 살아도, 삶의 과정에서 어떤 평가를 받더라도. 남에게 해를 끼치지 않으며 자신을 실현해 나가는 모든 삶을 응원합니다.

20

삶의 의미를
찾아서

삶의 의미

삶이 힘들 땐 그럭저럭 보냈던
평범했던 순간을 그리워하는 하루를 보내고,

그럭저럭 살 만해지면
조금 더 행복했으면 하는 마음으로 하루를 보내고,

지나간 과거를 돌이켜 보면서
'그땐 참 좋았는데.'라고 곱씹기도 하죠.

하지만 그거 아시나요?
모두 같은 하루치의 시간이라는 걸요.

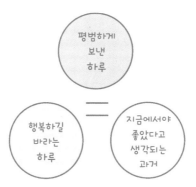

스스로에게 물어봅시다.
오늘 하루는 어땠는지요.

"오늘 하루는 어땠어?"

앞만 보고 바쁘게 달리다가
도레 공허한 하루를 보내지는 않았는지,

누군가와 비교하며
풀이 죽은 하루를 보내진 않았는지요.

그래서인지 많은 사람들이 계속 행복을 추구하지만,
정작 행복을 느끼는 능력은 잃어버리고 있어요.

그런 자신의 존재 자체에 회의감을 느끼면서
삶이 무의미하다고 생각하기도 하죠.

아이러니하게도 행복은 좋을수록 멀어지고,
삶에는 정답이 존재하지 않습니다.

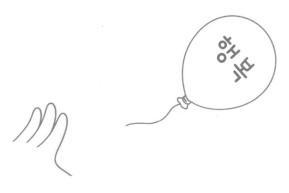

같은 하루치의 시간을 보냈더라도,
오늘을 결정짓는 것은 내가 삶에서
무엇을 느끼고, 어떤 의미를 부여했는지입니다.
그렇게 새로운 의미를 발견해 나아가는 것이지요.

힘들었지만 노력한 내가 멋진 하루

길가에 핀 꽃이 예뻤던 하루

 오늘 노을도 기가 막혔지

소중한 사람과 함께 있어서 감사한 하루

♡ ♡

그러니 무언가를 끊임없이 갈망하며
채워지지 않는 것들에 집중하기보다는,
내게 주어진, 내가 누릴 수 있는 것들을
찬찬히 그리고 온전히 느끼길 바라요.

저에게는 인생의 아주 큰 '터닝포인트'가 있습니다. 바로 중학교 3학년 때 갑작스레 소아암 진단을 받고 오랜 기간 병원에서 항암 치료를 받은 것입니다. 고위험군에 있었던지라 약물 부작용도 심각해서 매일같이 심전도 기계를 달고 살았습니다. 몇 가닥 없는 머리와 퉁퉁 부은 얼굴, 그저 관상용인 두 다리, 가족들과 분리된 일상에 사춘기 소녀였던 저는 스스로가 너무 안쓰러워서 병을 마냥 부정하고만 싶었습니다. **차라리 죽고 싶다**는 생각으로 하루하루를 보냈지요. 제 또래의 건강한 친구들을 보면 괜히 심통이 나서 속으로 계속해서 투덜투덜 욕을 내뱉던 기억이 납니다. 저를 찾아와서 위로를 해주던 봉사자분들, 친구들, 지인들에게도 '건강한 사람이 내 마음을 어떻게 알겠어?' 하는 삐딱한 생각으로 마음의 문을 닫았습니다. 그런 마음으로 살아가니 마음에도 병이 생겨서 몸이 더 안 좋아졌습니다.

그런 생각도 잠시, 점점 시간이 지나고 옆에서 같이 웃고 떠들던 천사 같은 아이들이 정말로 천사가 되어 떠나갔습니다. 허탈감이 어찌나 크던지. 슬픔과 상실감, 절망 같은 감정들이 소용돌이처럼 가슴속을 후벼 파는 것 같았습니다. 아이러니하게도 동시에 '**아, 나 살고 싶구나.**'라는 생각이 들었습니다. 그제야 그동안의 '**차라리 죽는 게 더 낫다**'는 마음은 정말로 그러고 싶었던 것이 아니라, 고통을 피하기 위해 죽음이라는 가장 마지막 단계를 떠올린 것임을 깨달았습니다. 죽고 싶은 게 아니라 이렇게 살기 싫었던 거지요. 진짜 마음을 알고 나서 '**나는 왜 죽고 싶었을까?**'를 스스로 물었습니다. 그러고는 '**행복하지 않으니까, 살아도 희망이 없으니까.**'라고 답했습니다. 이 말들이 마치 '행복하게 살고 싶어, 희망을 품고 싶어.' 하고 속삭이는 것 같았습니다. '불행'이라는 커다랗고 짙은 안개가 보이지 않게 속이고 있었을 뿐 **희망은 보이지 않아도 언제나 그 자리에 존재하고 있었던 것이지요.** 그날 이후로 남은 날들을 더 이상 무의미하게 보내고 싶지 않아진 저는 마음대로 움직이지도 못하는 병실에서의 무료한 삶을 달래기 위해 독서를 시작했답니다. 그때 처음으로 접한 빅터 프랭클의《죽음의 수용소에서》라는 책이 저를 여기까지 이끌었습니다. 제 삶에 가장 큰 영향을 미친 빅터 프랭클의 의미치료를 소개하기 위해서는 프랭클의 경험을 빼놓을 수 없습니다.

　　오스트리아의 정신과 의사 빅터 프랭클은 나치 정권이 유대인들을 가혹하게 학살하는 '죽음의 수용소'에서 살아남은 인물입니다.

수용소에서의 삶은 정말이지 끔찍했습니다. 추위와 굶주림, 폭력은 예삿일이었고, 사람의 이름이 아니라 수용 번호로 부르는 등 인간으로서 일말의 존중도 찾아볼 수 없었습니다. 무자비한 나치의 학살 속에서 프랭클은 사랑하는 가족들과 이별하고, 수많은 좌절과 고통 속에서 지내야 했습니다. 수용소의 많은 이들은 참담히 죽어나갔고, 그 역시 언제 죽을지 모르는 상황이었지요. 그런 비참함 속에서도 프랭클은 엄청난 깨달음을 얻습니다. 바로 '**운명 속에서도 태도를 결정할 수 있다**'는 것입니다. 같은 수용소 안에서 누군가는 고통 속에 끊임없이 좌절하고, 누군가는 권력에 복종하며, 또 누군가는 다른 이들과 함께 끝까지 살아남으려고 했습니다. 같은 시련 속에서 각자 다른 모습을 한 사람들을 보며 '**어떤 사람이 될 것인가?**'는 스스로 선택할 수 있음을 알게 됩니다. 이에 프랭클은 살아남아 수용소에서 흔적도 없이 죽어 간 이들의 이야기를 세상에 알리기 위해 원고를 쓰며 자신만의 답을 찾아 나갑니다.

프랭클은 우리가 삶에 무언가를 기대하기보다는, '삶이 우리에게 무엇을 기대하는지'를 생각해 봐야 한다고 했습니다. 이러한 물음에 답을 할 수 있는 사람은 시련이 다가와도 좌절하는 대신 '시련을 통해 무엇을 실현할지'를 고민할 수 있겠지요. 프랭클은 인간에게는 생각할 수 있는 자유와 힘이 있으며 어떤 선택을 하는지에 따라 성장과 행복이 좌우된다고도 했습니다. 삶에 어떤 의미를 부여할지는 스스로 선택할 수 있으며, 그 과정에서 새로운 의미를 발견할 수도 있습니다. 그리고 그런 삶의 의미를 따라 살아간다면 어떤 것이든 견딜 수 있게 됩니다. 이렇게 자신의 진실한 경험을 통해 프랭클이 창시한 기법이 '**의미치료(로고테라피**logotheraphy**)**'입니다. '의미치료'는 **삶, 고통, 역경 속에서 무엇을 발견할 수 있을지, 그것을 통해 무엇을 실현할 수 있을지**와 같은 물음에 대한 스스로의 답을 찾아가면서 삶의 에너지를 충족시키는 것입니다.

타인이나 세상이 아무리 나를 고통스럽게 해도 생각의 자유는 앗아갈 수 없습니다. 우리에게 생각의 자유와 힘이 있다는 것을 깨닫는 순간부터 인생은 새롭게 시작됩니다. **오늘은 당신에게 어떤 날인가요?** 정답은 없습니다. 다만 하루를 소중하게 생각하는 사람에게는 오늘이 정말로 귀한 날이 됩니다. 코로나바이러스가 한창 유행할 당시를 떠올려 보세요. 마스크 대란이나 사회적 거리 두기 등으로 불편함을 겪던 때가 있었습니다. 그때 각종 미디어에서 '소중했던 우리의 일상'이라는 표현을 자주 들을 수 있었지요. 지극히 평범했던 일상을 돌이켜 보니 소중한 일상이었던 것입니다. 마찬가지로 같은 일상이라도 어떻게 받아들이고, 어떤 의미를 부여하느냐에 따라 변화할 수 있는 것입니다.

행복 역시 마찬가지입니다. 우리는 종종 과거를 그리워하며, '**그때가 참 행복했었지.**'라고 생각합니다. 그러나 그 당시에는 그것이 행복인 줄 모른 채 흘려보냅니다. 돌이켜 볼 때에야 비로소 그것이 행복이었음을 느끼게 됩니다. **행복은 좇으려고 하면 할수록 더욱 멀어집니다.** 과거를 그리워하고, 미래를 갈망하며 현재를 충분히 느끼지 못하게 합니다. 행복은 늘 당신 옆에서 당신이 알아차려 주기를 간절히 원하고 있습니다. 그러니 **사소한 것에도 담겨 있는 행복을 알아차릴 수 있으면 좋겠습니다.** 저 역시도 투병 생활 동안 행복해지고 싶다는 말을 달고 살았습니다. '병이 나으면 행복해질 거야.'라고 생각했지요. 하지만 치료를 마치고 일상으로 돌아가면서 간절히 원했던 것들이 점점 당연하게 느껴졌고 더 높은 수준의 행복을 원했습니다. 때로는 투병 생활을 돌이켜 보며, '그래도 그때 행복한 일도 참 많았어.'라고 생각하기도 했습니다. 사실 행복에는 실체가 없습니다. 우리가 삶에서 그 실체를 만들어가는 것일 뿐이지요. 실체 없는 것을 좇으려 하지 마세요. 실체가 있는 것에서부터 오는 행복을 자연스레 느껴보면 좋겠습니다. **'무엇이 당신을 이 자리에 있게 합니까?'**

　우리는 열심히 일을 하면서도 종종 '무엇 때문에 사는지 모르겠다.'라고 생각하며 불만과 공허함을 느낍니다. 이를 '실존적 공허'라고 합니다. 오늘날 많은 사람들을 공허감에 빠뜨리는 것은 물질적인 것보다도 **'의미의 부재'**입니다. 우리는 행복과 마찬가지로 삶의 의미 역시 대단하고 거창한 것이라고 생각하는 경향이 있습니다. 그러나 **의미는 거창할 필요가 없고 하나여야 할 필요도 없습니다. 의미는 고정적이지도 않고 계속해서 발견하게 될 수도 있습니다.** 의미치료에서는 삶에 의미와 생명력을 불어넣어 주는 3가지 가치로 '창조가치', '체험가치', '태도가치'를 제시합니다.

'창조가치'란 어떤 일을 함으로써 혹은 무언가를 만들어 내면서 느낄 수 있는 가치입니다. 저는 글을 쓸 때 재미있고, 제 글로 누군가가 힘을 얻어 갈 때 큰 보람을 느낍니다. 그래서 글을 쓸 때에 독자들이 제 글을 읽었을 때 즐거움을 느낄 수 있다고 생각하며 단순히 일이라고 생각하기보다 사명을 가지고 쓰게 됩니다. 창조가치는 이렇게 자신의 일이 될 수도 있고, 육아나 봉사에서 찾을 수도 있습니다.

'체험가치'란 자연, 예술, 사람을 경험하며 느끼는 즐거움이라고 할 수 있습니다. 가족들과 함께 있는 시간을 가지거나, 친구를 만나 저녁 바람을 맞으며 수다를 떨면서 산책을 할 때에 느껴지는 즐거움 같은 것이지요. 아주 어릴 적에 오래된 친구와 산책을 하다가 큰 들개와 길고양이 두 마리가 함께 몰려다니며 주차장을 배회하는 것을 본 적이 있습니다. 그 모습이 마치 동화 속의 브레멘 음악대처럼 느껴졌는데, 떠올리기만 해도 웃음이 지어지는 경험이었습니다. 이렇게 재미나고 감동적인 일들이 생겼다면 사진을 찍거나 일기를 쓰면서 기록해 두고 회상하는 것도 좋습니다. 물론 그렇다고 해서 체험가치를 특별한 일에서만 느낄 수 있는 것은 아닙니다. 빗소리, 겨울의 포근한 분위기, 가슴을 울리는 음악과 영화에서도 찾을 수 있습니다. 체험가치는 우리가 매 순간 경험할 수 있는 것이기도 합니다.

마지막으로 '태도가치'란 운명과 고난, 역경 속에서 자유 의지를 가지고 나를 일으키는 태도를 선택하면서 얻게 되는 가치입니다.

우리에게 때론 피할 수 없는 역경이 다가오기도 합니다. **그럴 때 당장 삶과 상황을 변화시킬 수는 없지만, 주어진 삶에 대한 태도는 선택할 수 있습니다.** 고통을 무의미하게 바라볼 것인지 나에게 주어진 사명으로 바라볼 것인지, 시련을 통해 나를 필요로 하는 사람들에게 어떤 도움을 줄 수 있을지 등을 생각해 보는 것입니다. 제가 태도가치에서 가장 중요하게 생각하는 것이 있는데, 바로 '**미래에 대한 희망**'입니다. 이 고통은 언젠가 사라질 것이라는 생각과 함께 내가 되고 싶은 것, 이루고 싶은 것, 하고 싶은 것 등을 생각해 보는 것입니다. 고통이 사라진다는 것은 상황의 변화만을 의미하는 것이 아니라 주관적인 생각과 느낌의 변화도 의미할 수 있습니다. 저는 치료를 받고 있던 당시에는 되고 싶은 것을 찾지는 못했고, 평범하게 학교에 다닐 수 있기를 간절히 바랐습니다. 그리고 그것을 꼭 이루겠다고 다짐했고, 이룰 수 있었습니다. 미래에 대한 희망은 그 순간을 열심히 살게 해주는 원동력이 되어줍니다.

3가지 가치를 고민하며 우리는 삶의 의미에 한 발자국 다가갈 수 있습니다. 어쩌면 의미는 매 순간 우리에게 발견되길 기다리고 있을지도 모릅니다. 실존적 공허가 무서운 이유는 '더 이상 살아갈 가치가 없다.', '지금 죽어도 아쉽지 않다.'라는 생각을 만들어 낸다는 점입니다. 이런 마음이 들 수 있다는 것을 부정하지 않겠습니다. 그렇게 생각하지 말라고 하지도 않겠습니다. 다만 삶을 포기하고 싶더라도 이왕 이 세상에 태어났으니 누릴 수 있는 것은 누리고, 누군가에

게 힘을 받아 보고, 반대로 누군가에게 힘이 되어주기도 하고, 마음
껏 웃어도 보고, 아름다운 풍경을 보며 감탄하기도 했으면 좋겠습
니다.

삶의 의미는 정해진 답을 찾는 것이 아닌, 찾으려고 노력하는 과
정에서 발견할 수 있는 것입니다. 모든 삶의 의미는 스스로 발견해
야 하며, 그 과정 또한 축복입니다. 삶의 모든 순간은 가치 있고, 우
리는 삶의 주인공으로서 그 의미를 고민해 보아야 합니다.

해가 떠 있는 순간도 아름답지만, 까맣고 어두운 밤이 지나 여명
이 밝아 오는 순간은 더욱이 아름답습니다. 당신 또한 고통 속에 있
을지라도 여전히 아름답고, 더욱 아름다운 순간을 맞이할 것입니다.

PART 1. 나를 돌아보는 방

01 내 자존감을 방해하는 것은 무엇일까? 자존감

- 권석만. 현대 심리치료와 상담이론 : 마음의 치유와 성장으로 가는 길. 학지사, 2012.

02 어떤 게 진짜 내 모습일까? 페르소나

- 권석만. 현대 심리치료와 상담이론 : 마음의 치유와 성장으로 가는 길. 학지사, 2012.

03 내 안에 상처받은 아이가 있다 내면아이

- 마거릿 폴. 내면아이의 상처 치유하기 : 내 안의 나와 행복하게 사는 법, 정은아(역). 소울메이트, 2013
- 존 브래드쇼. 상처받은 내면아이 치유. 오제은(역). 학지사, 2004

05 열등감, 꼭 부정적이기만 할까? 열등과 우월

- 권석만. 현대 심리치료와 상담이론 : 마음의 치유와 성장으로 가는 길. 학지사, 2012.
- 알프레드 아들러. 아들러 심리학 입문 : 오늘을 살아가는 무기, 용기의 심리학. 김문성(역). 스타북스, 2015
- 알프레드 아들러. 아들러의 인간이해 : 세 가지 키워드로 읽는 아들러 심리학. 홍혜경(역). 을유문화사, 2016

06 학습된 무기력에 빠진 당신에게 학습된 무기력

- 박경연. 학습된 무기력 극복을 위한 프로그램이 자아개념 및 학업성취에 미치는 효과. 2002. 동아대학교, 석사학위 논문.
- 우종하. "학습된 무기력과 우울증에 관한 연구." 교육연구, 19, -, 2005, pp. 15-43.

07 내 신념은 안녕할까? 비합리적 신념

- 권석만. 현대 심리치료와 상담이론 : 마음의 치유와 성장으로 가는 길. 학지사, 2012. p. 218

08 게으른 완벽주의자에게 주는 선물 게으른 완벽주의자

- 김윤희, and 서수균. "완벽주의에 대한 고찰: 평가와 치료." 한국심리학회지 상담 및 심리치료, 20, 3, 2008, pp. 581-613.
- 박지은. 대학생의 평가염려 완벽주의와 만성 지연 행동의 관계: 자기비난과 속박감의 매개효과. 2021. 아주대학교 교육대학원, 석사학위 논문.
- 세바시 강연 Sebasi Talk. "Kor)당신은 행복한 완벽주의자입니까? | 이동귀 '네 명의 완벽주의자' 저자, 연세대학교 심리학과 교수 | 행복 강박 성장 마인드셋 | 세바시 1353회". www.youtube.com/watch?v=FeOhGG34xv0, 2021.
- 헤이든 핀치. 게으른 완벽주의자를 위한 심리학 : 미루기의 악순환에서 벗어나고 싶은 당신을 위한 심리 처방. 이은정(역). 시크릿하우스, 2022.

PART 2. 관계를 돌아보는 방

09 우리는 서로에게 심리적 안전기지가 되어줄 수 있을까? 성인 애착 유형

- 오카다 다카시. 애착 수업 : 나를 돌보는 게 서툰 어른을 위한. 이정환(역). 푸른숲, 2017.
- 이은지, and 서영석. "불안전 성인애착(애착불안, 애착회피)과 대인관계문제 및 심리적 디스트레스의 관계: 자기자비와 낙관적 성향의 매개효과 검증." 한국심리학회지 상담 및 심리치료, 26, 2, 2014, pp. 413-439.

- 이지민, and 한혜림. "한국형 성인애착 척도 개발을 위한 탐색적 연구: 성인애착 연구 경험에 관한 초점집단면접." 한국가족관계학회지, 26, 1, 2021, pp. 123-143.

10 사랑에도 유형이 있다?! 너와 나의 사랑 유형은? 사랑의 삼각형

- 로버트 스턴버그, and 미카엘 반즈. 사랑의 심리학, 최연실, 이경희, 고선주, and 조은숙(역). 하우기획출판, 2001
- 박종환. 사랑에 대한 Sternberg의 세모꼴 이론과 성인 애착 유형의 상관관계에 관한 연구. 2003. 연세대학교 연합신학대학원, 석사학위 논문.

11 우리의 관계를 위해, 성숙하고 현명하게 공감하는 법 공감

- 권석만. 현대 심리치료와 상담이론 : 마음의 치유와 성장으로 가는 길. 학지사, 2012.
- Edward Neukrug. 상담 이론과 실제. 정여주, 두경희, 이자명, 이주영, and 이아라(역). 사회평론아카데미, 2017.

12 의사소통은 서로에게 어떤 영향을 줄까? 의사소통

- 마셜 B. 로젠버그. 비폭력대화 : 일상에서 쓰는 평화의 언어, 삶의 언어. 캐서린 한(역). 한국NVC센터, 2017.
- 박정미, and 정남운. "정서인식명확성, 정서표현, 정서적 지지가 심리적 수용에 미치는 영향." 한국심리치료학회지, 10, 1, 2018, pp. 1-25.
- 정문자, 정혜정, 이선혜, and 전영주. 가족치료의 이해. 학지사, 2018.
- 최연자, 이경완, and 정춘화. "나 전달법과 자기노출훈련이 여대생의 자기효능감과 스트레스 대처방식에 미치는 효과." 정신간호학회지, 17, 4, 2008, pp. 461-470.
- Edward Neukrug. 상담 이론과 실제. 정여주, 두경희, 이자명, 이주영, and 이아라(역). 사회평론아카데미, 2017.
- Satir, V 외. 사티어 모델 : 가족치료의 지평을 넘어서, 김영애(역). 김영애가족치료연구소, 2000

14 '나르시시스트'는 어떤 사람일까? 나르시시스트

- 브렌다 스티븐스. 나르시시스트 관계 수업 : 엄마로 인해 무기력한 딸을 위한 회복 심

리학. 이애리(역). 유노라이프, 2023.

- 서람TV_힐링크리에이터. "4가지 종류의 나르시시스트.". www.youtube.com/watch?v=Rlr6Zs7Iqs4, 2020.
- 서람TV_힐링크리에이터. "나르시시스트와 자기애성 인격장애자의 차이.". https://www.youtube.com/watch?v=XCWPn-QvoR0&t=331s, 2021.
- 원은수. 나에겐 상처받을 이유가 없다 : 자기밖에 모르는 사람들에게 휘둘리지 않고 나를 존중하는 삶의 시작. 토네이도, 2023.
- 토킹닥터스, 토닥. "건강한 자기애와 나르시시스트의 나르시시즘 구별하는 방법 | 정신 과 의사가 알려드립니다". https://www.youtube.com/watch?v=T2U2FfmH9jM&t=466s, 2023.
- DoctorRamani. "COVERT Narcissists: Everything you need to know (Part 1/3)". www.youtube.com/watch?v=mNFIQ46-s-A, 2020.
- DoctorRamani. "Do narcissists know they hurt you?". www.youtube.com/watch?v=VxvXmnWVcvU, 2020.
- MedCircle. "4 Types of Narcissism". www.youtube.com/watch?v=_uJs0iGQN0M&t=0s, 2018.

PART 3. 삶으로 나아가는 방

15 부정적 감정의 고리를 끊자! 회피와 수용

- 이선영. 꼭 알고 싶은 수용-전념 치료의 모든 것. 소울메이트, 2017.
- 이선영, and 안창일. "불안에 대한 수용-전념 치료의 치료과정 변인과 치료효과." 한 국심리학회지 상담 및 심리치료, 24, 2, 2012, pp. 223-254.
- 허선무, and 이봉건. "사회불안에 대한 수용전념치료(ACT) 치료변인의 효과." 인지 행동치료, 16, 4, 2016, pp. 445-467.
- Steven C. Hayes, and Spencer Smith. 마음에서 빠져나와 삶 속으로 들어가라 : 새 로운 수용전념치료. 문현미, and 민병배(역). 학지사, 2010.

16 슬럼프 극복에도 때가 있다 슬럼프 맞이하기

- 이선영. 꼭 알고 싶은 수용-전념 치료의 모든 것. 소울메이트, 2017.

17. 타인의 시선, 과거에 얽매이지 않으려면? 걱정 흘려보내기

- 유성진, 신민섭, and 김중술. "위협에 대한 재평가와 걱정증상, 상태불안 및 인지평가 차원의 관계." 한국임상심리학회(Korean Journal of Clinical Psychology), 22, 2, 2003, pp. 303-319.
- 이선영. 꼭 알고 싶은 수용-전념 치료의 모든 것. 소울메이트, 2017.

18 불확실함 속에서 내 삶의 가치 추구하기 삶의 가치

- 김민경, and 김창대. "반추방식에 따른 우울성향자의 정서적 외삽 차이: 구체적 반추와 추상적 반추의 비교." 상담학연구, 22, 3, 2021, pp. 1-19.
- 오영아, and 정남운. "불확실성에 대한 인내력 부족과 걱정의 관계: 경험적 회피의 매개효과 검증." 한국심리학회지 상담 및 심리치료, 23, 3, 2011, pp. 671-691.
- 이선영. 꼭 알고 싶은 수용-전념 치료의 모든 것. 소울메이트, 2017.
- 이선영, and 안창일. "불안에 대한 수용-전념 치료의 치료과정 변인과 치료효과." 한국심리학회지 상담 및 심리치료, 24, 2, 2012, pp. 223-254.

19 '나다움'이란 무엇일까? 나다움

- 권석만. 현대 심리치료와 상담이론 : 마음의 치유와 성장으로 가는 길. 학지사, 2012. p. 386-387

20 '삶의 의미'를 찾아서 삶의 의미

- 빅터 프랭클. 빅터 프랭클의 죽음의 수용소에서 : 죽음조차 희망으로 승화시킨 인간 존엄성의 승리. 이시형(역). 청아출판사, 2020.
- 이시형, and 박상미. 내 삶의 의미는 무엇인가 : 『죽음의 수용소에서』 빅터 프랭클과의 대화. 특별한 서재, 2020.

고독한 심리 방에 입장하셨습니다

1판 1쇄 **인쇄** 2024년 3월 11일
1판 1쇄 **발행** 2024년 3월 20일

지은이 김앵두

발행인 양원석 **편집장** 차선화
책임편집 김재연 **디자인** 조윤주, 김미선
영업마케팅 윤우성, 박소정, 이현주, 정다은, 유민경, 한유진

펴낸 곳 ㈜알에이치코리아
주소 서울시 금천구 가산디지털2로 53, 20층(가산동, 한라시그마밸리)
편집문의 02-6443-8863   **도서문의** 02-6443-8800
홈페이지 http://rhk.co.kr
등록 2004년 1월 15일 제2-3726호

ISBN 978-89-255-7526-1 (03180)